Colette Soler

Os afetos lacanianos

Tradução de CÍCERO OLIVEIRA

Copyright © 2019 Aller Editora.
Título original: *Les affects lacaniens*.
© Presses Universitaires de France, 2011.

Publicado com a devida autorização e com todos os direitos, para a publicação em português, reservados à Aller Editora.

É expressamente proibida qualquer utilização ou reprodução do conteúdo desta obra, total ou parcial, seja por meios impressos, eletrônicos ou audiovisuais, sem o consentimento expresso e documentado da Aller Editora.

Editora	Fernanda Zacharewicz
Conselho editorial	Andréa Brunetto • *Escola de Psicanálise dos Fóruns do Campo Lacaniano* Beatriz Santos • *Université Paris Diderot — Paris 7* Jean-Michel Vives • *Université Côte d'Azur* Lia Carneiro Silveira • *Escola de Psicanálise dos Fóruns do Campo Lacaniano* Luis Izcovich • *Escola de Psicanálise dos Fóruns do Campo Lacaniano*
Tradução	Cícero Oliveira
Revisão da tradução	Fernanda Zacharewicz
Revisão	André Luiz Rodrigues
Diagramação	Sonia Peticov
Projeto de capa	Rubens Lima

1ª edição: março de 2022.
2ª impressão: julho de 2024.

Dados Internacionais de Catalogação na Publicação (CIP)
Ficha catalográfica elaborada por Angélica Ilacqua CRB-8/7057

S672c   Soler, Colette

Os afetos lacanianos / Colette Soler; tradução de Cícero Oliveira. — São Paulo: Aller, 2022.
240 p.

ISBN 978-65-87399-22-5
ISBN 978-65-87399-12-6 (livro digital)
Título original: *Les affects lacaniens*.

1. Psicanálise 2. Afeto (Psicologia) 3. Lacan, Jacques, 1901-1981 I. Título II. Oliveira, Cícero

22-1229   CDD: 150.195
                                             CDU 159.964.2

Índice para catálogo sistemático
1. Psicanálise

Publicado com a devida autorização e com todos os direitos reservados por

ALLER EDITORA
Rua Havaí, 499
CEP 01259-000 • São Paulo — SP
Tel: (11) 93015-0106
contato@allereditora.com.br

 Aller Editora • allereditora

Sumário

Introdução	7
O desafio	7
A crítica	8

NO COMEÇO ERA FREUD — 15

1. O afeto minorado — 17

2. Afetos indomáveis — 22

A repetição — 22
A neurose, traumática — 24
• O entrave [*la butée*] freudiano — 26

RETOMADA PELO AVESSO — 29

3. A angústia tomada pelo objeto — 31

Um afeto de exceção — 31
A angústia, afeto de separação — 34
• Um objeto estranho — 34
• O lugar da angústia — 39
Destituição selvagem — 43

4. A angústia tomada pelo discurso — 47

Antes da ciência — 47
Uma outra angústia — 51
A angústia do proletário generalizado — 55

- A doença de humor do capitalismo ... 55
- Desligamento ... 57

5. A angústia tomada pelo real ... 60
Uma angústia pouco freudiana ... 60
A angústia, sexuada ... 65
- Clínica diferencial ... 65
- As mulheres não são lagartos ... 66

TEORIA DOS AFETOS ... 71

6. O ser vivo afetado ... 73
A hipótese lacaniana ... 75
A linguagem, aparelho do gozo ... 79

7. Não sem o discurso ... 86

8. Não sem a ética ... 89

A SÉRIE LACANIANA ... 93

9. Tristeza e *gaio issaber* [*gay sçavoir*] ... 97
As tristezas de outrora ... 97
Afetos da relação com o saber ... 100
- Culpabilidade/cortabilidade [*coupabilité*]
  e "boa hora" [*bon heur*] ... 104

10. Os afetos de nosso "mal-estar" ... 111

11. Outros afetos ... 119
As paixões do ser ... 119
A cólera ... 123
A vergonha ... 125
- O ser visto ... 126
- A vergonha de viver ... 128

AFETOS ENIGMÁTICOS ... 137

12. Prova pelo afeto ... 141
Em sintonia ou discordantes ... 143
Enigmas reveladores ... 146

13. O enigma do saber	148
14. A produção do incrédulo	154
15. O amor de novo	157

AFETOS ANALÍTICOS 161

16. Os afetos de transferência	165
A expectativa	167
• O entrave [*La butée*]	169
17. Para além do impasse	176
O luto	177
Reação terapêutica positiva	178
O que satisfaz	181
Um saber que cura [*soigne*]	182
Conversão de afeto	183
18. O afeto de passe	187
Real e verdade	187
O antimatema	190
Uma satisfação... que não engana	195
O dever de satisfazer	199

OS AFETOS DEPOIS 203

19. Quais amores?	209
20. Os "disparatados" e o laço social	214

CONCLUSÃO 221

21. Limite do saber	225
22. A interpretação poética	228

Introdução

O desafio

O tema do afeto é um desafio para a psicanálise. Não é em nome dos sintomas que o afetam que um sujeito se dirige ao psicanalista para que ele o ajude a questioná-los e a reduzi-los? E quem se importaria em se curar se os sintomas, seja de uma conversão, de uma obsessão, de uma impotência e até mesmo de um mal-estar mais indeterminado não trouxessem sua parcela de afetos dolorosos — tristeza, abatimento, desânimo e até repulsa pela vida e assim por diante? No início da demanda por uma psicanálise sempre há afeto, na forma de um sofrimento difícil de suportar e que aguarda a cura. Diante dessa expectativa, a psicanálise não se esquiva. Confrontando o tratamento dos sintomas, ela coloca no primeiro plano de suas finalidades a redução dos afetos que causam o "sofrimento neurótico", como Freud colocava. Isso não quer dizer, no entanto, que ela tenha como objetivo produzir a indiferença ataráxica que o humor da rua atribui ao psicanalista. E além disso, Lacan diz que, no final, cada um permanece "sujeito a afetos imprevisíveis"[1]. É preciso,

---

[1] LACAN, J. (1967). Discurso na Escola Freudiana de Paris. In: *Outros escritos*. Rio de Janeiro: Zahar, 2003, p. 283.

portanto, justamente dizer aquilo que a psicanálise lacaniana faz com os afetos.

O termo "afeto" — em alemão *Affekt*, com um "k" — foi, aliás, popularizado na psicanálise por Freud, que o retomou de uma tradição filosófica alemã anterior para designar um estado agradável ou penoso, no eixo do prazer-desprazer, ele próprio ligado aos avatares da pulsão. A ambiguidade do termo é interessante, pois ele se aplica tanto ao corpo quanto ao sujeito. Do primeiro, dirão que ele é afetado por sensações ou pela doença, ao passo que o segundo é afetado por estados de humor, bons ou ruins. Na escolástica, a tradição da Escola também distinguia, aliás, com São Tomás, por exemplo, afecções (*affectio*) da alma ou do corpo. No uso corrente atual, ser afetado designa o fato de ser tocado, na maioria das vezes de forma desagradável, por uma má notícia, por exemplo. O que afeta? A questão não é simples. Aquilo que me dizem ou aquilo que não me dizem, sem dúvida, palavra de amor ou palavra de injúria, silêncio também, não conseguiria me deixar indiferente e constitui, antes, paixão. Mas também tudo o que toca meu corpo, da carícia aos abusos, do bem-estar à dor. Isso repercute no sujeito com prazer, cólera ou tristeza etc. Em todo caso, quer sejam sentidos como uma perturbação da homeostase corporal ou subjetivamente, como sentimento mais ou menos penoso, os sujeitos ficam bastante tentados a confundi-los com sua verdade, de tanto que eles têm para ele a força da evidência. Impõe-se, portanto, a necessidade de uma teoria que o explique e que diga como e até onde a psicanálise lhe diz respeito.

A crítica

Uma crítica foi feita a Lacan, a de negligenciar os afetos do sujeito em prol da linguagem e do significante. Muitas críticas ruins e das quais, no entanto, ainda existe algo sob a forma da antífona, que canta que os lacanianos só conheceriam trocadilhos e calembures, desconsiderando o peso do instintual. Na França, contudo, foi Lacan quem tomou a iniciativa, nos anos 1950, de uma espécie de Questão preliminar a todo tratamento possível dos afetos e lançou a polêmica sobre o destino a ser reservado na psicanálise a esse afeto específico que é a frustração de transferência. Seu texto "A direção do tratamento e os princípios de seu poder"[2] marca essa data.

No entanto, foi apenas um *remake*! Já na época de Freud a discussão causava furor em torno das contribuições de Sándor Ferenczi, ao interpelar o mestre sobre o tratamento dessa frustração analisante sob a intimação da qual o analista cai e que resiste à interpretação. Foi um episódio violento, mas crucial. Em resumo, ali onde para Ferenczi a mera humanidade gostaria de tentar contemporizar essa frustração, Freud basicamente responde que não se trata de um problema de coração, pois essa frustração é um elemento inevitável, que procede do próprio dispositivo da cura e que, ademais, é necessária para o seu avanço. Quando Lacan lança novamente a questão, ele a formula em termos de "gratificação" ou não da demanda analisante. Era o mesmo debate. Lacan entrava nele como polemista para retornar à resposta freudiana, formulando que satisfazer essa demanda é impossível, e isso por causa... do desejo inconsciente. É isso que nos trazia de volta ao *status* do afeto, à sua relação com o inconsciente, sua função na técnica analítica sob transferência e, é claro, seu possível tratamento.

---

[2]LACAN, J. (1958). A direção do tratamento e os princípios de seu poder. In: *Escritos*. Rio de Janeiro: Zahar, 1998.

O que caracteriza a psicanálise freudiana, desde o início e de maneira vívida com *A interpretação dos sonhos*, foi fazer o inconsciente falar pela via da decifração. Daí a ideia do inconsciente estruturado como uma linguagem, que nada mais é do que o inconsciente "como eu o suporto com sua cifragem"[3], diz Lacan. A questão de sua relação com os afetos, os quais, por sua vez, são vivenciados, mas não decifrados, não poderia deixar de surgir. Ela foi colocada por Freud. Muito cedo, ele a respondeu, primeiro com sua concepção de recalque, depois complementada pela de traumatismo e repetição. Lacan se empenhou nos primeiros passos de Freud, particularmente no que diz respeito ao recalque e suas consequências na técnica analítica, mas foi muito além da concepção e da função de afeto para o falasser [*parlêtre*].

Quantos afetos não teria ele comentado? Seria difícil estabelecer a lista completa: angústia (um ano de seminário), dor, impotência, luto, tristeza, alegria, felicidade, tédio, morosidade, cólera, pudor, vergonha, entusiasmo, e devo estar me esquecendo de alguns certamente. O essencial, no entanto, está em outro lugar. Para Freud, assim como para Lacan, o afeto é um efeito — *efectt* Lacan dirá por um neologismo calculado. Ora, como tratar o efeito sem passar por aquilo que o produz? A libido, o desejo inconsciente, as pulsões? Freud procurou estabelecer a lista das pulsões a partir das quais as paixões humanas derivam, e especificar os caminhos dessa deriva por meio do recalque ou da repetição, esses dois geradores de sintomas dos quais os sujeitos padecem. Ele até intuiu que suas transformações não deixavam de ser estruturadas como uma linguagem, uma vez que ele não hesita em evocar a "gramática" das pulsões. Lacan,

---

[3]LACAN, J. (1972-73). *O seminário, livro 20: Mais, ainda*. Rio de Janeiro, 1985, p. 190.

que vem aqui em segundo lugar, não parou de reinterrogar a natureza disso, sua diferença para com o registro das necessidades dos seres vivos e, sobretudo, sua gênese específica junto ao falante. Em resumo, ele reformulou o que Freud situava com relação aos dois termos de sua metapsicologia: o Isso e o inconsciente como produtores de afetos. Sabemos seu ponto de partida: se a psicanálise, que opera apenas por meio da fala e da linguagem, tem efeitos sobre os sintomas e os afetos, deve-se supor que eles tenham alguma relação com esse instrumento. Era a pista da causa da linguagem.

É estranho que uma teoria dos afetos, original, única, elaborada ao longo dos anos no ensino de Lacan, tenha permanecido ignorada, até mesmo negada. Não devem faltar razões não confessáveis para a má polêmica, mas há mais que isso. Sem dúvida, ela permaneceu por muito tempo implícita, a ênfase recaindo menos sobre o *effect* do que sobre aquilo que o produz — e que, por si só, pode dar uma vantagem sobre ele, a ponto de retificá-lo às vezes. Um único exemplo: no texto "A direção do tratamento", todos os afetos gerados pelo que Lacan chama de instância negativa da linguagem — a saber, o fato de a linguagem introduzir falta no real, falta essa que permite aos sujeitos pensar a ausência e a morte e que se declina em falta a ser, falta de gozar, falta de saber —, todos esses afetos tão dominantes na experiência que sustentam a demanda e a queixa com que o analisando toma de assalto seu psicanalista e que estão na origem do debate que acabei de mencionar, pois bem, todos eles estão relacionados com um único principal significante da falta, o falo. O que se padece não é negligenciado; o texto termina, aliás, com considerações sobre a saída da queixa, mas a elaboração da causa estrutural está em primeiro plano. Não avançarei mais na demonstração, ela se aplica a muitos outros textos.

OS AFETOS LACANIANOS

O seminário *A angústia*, em 1962-1963, introduz uma primeira inversão metodológica e conceitual: por um lado, Lacan utiliza o afeto da angústia para elaborar sua concepção do objeto *a*; por outro, esse afeto, tão essencial para os falantes, não é aí esclarecido pelo significante — é, pelo contrário, ele que permite abordar aquilo que é o objeto. É isso que fazia da angústia um "afeto de exceção"[4], o único que "não engana", pois se refere não ao significante que nos extravia por meio de suas substituições, mas ao seu efeito de subtração no real que é o objeto.

A teoria propriamente lacaniana dos afetos começa aí. Começa, mas não termina aí, e além disso, no fim das contas, "sua" angústia não é exatamente o que ela representava para Freud — a saber, essencialmente angústia da castração ou de seus homólogos. Ademais, à medida que Lacan remaneja seu conceito de inconsciente, ele põe em evidência outros afetos que... revelam, ali onde os significantes renunciam[5]. Tese inaudita para alguém que supostamente é um estruturalista da linguagem, além de ser desconhecida pelo texto freudiano. Esse encaminhamento decerto não segue uma linha reta, mas culmina com o seminário *Mais, ainda* na clarificação dos limites daquilo que pode ser alcançado na estrutura da linguagem e numa retificação do conceito de inconsciente, suas manifestações de afetos e sua função para o falasser [*parlêtre*]. O desafio é considerável, pois, nesse trajeto, o fim de análise nunca deixou de estar na berlinda, o diálogo com o veredicto freudiano sobre a análise interminável continuando em surdina.

[4]Ver p. 31 e seguintes na seção intitulada "A angústia tomada pelo objeto".
[5]Sobre este ponto, cf. SOLER, C. (2009). *Lacan, o inconsciente reinventado*. Rio de Janeiro: Cia de Freud, 2012.

INTRODUÇÃO 13

No entanto, preciso: não há oposição entre a clínica do significante e a do afeto, o que às vezes foi oposto como intelecto e vivência. Isso é um absurdo, pois o significante afeta e o afeto é determinado apenas pelo significante. Para aquele que é afetado, o afeto é certamente uma obviedade, mas não é jamais, contudo, da ordem de um dado apreensível. Há uma indeterminação da chamada "vivência". É algo que se experiencia e, ao mesmo tempo, é muito difícil de identificar. É totalmente o oposto do significante, o qual, por sua vez, é discreto, isolável e transmissível, ao passo que o afeto é muitas vezes informe, indizível e, ademais, muito pessoal. Tentar dizê-lo é precisamente tentar colocá-lo numa forma significante, elaborá-lo de certa forma. Verifica-se isso toda vez que se tenta "expressar", como se diz, seus sentimentos. Isso só pode ser feito com as palavras de que dispomos, que são as palavras do Outro, do discurso que já está ali. E quando um vago mal-estar é nomeado, é sempre um alívio. Para dizer isso com ênfase: sem o Outro, não se saberia o que sente. Talvez seja preciso dizer mais: o discurso, ao nomear os afetos, os fabrica, os isola na indeterminação da experiência vivida. Faz isso primeiro unindo-os a representações do imaginário do corpo, criando todo um gestual do afeto, o qual nos permite dizer, por exemplo: estou sufocado, desisto, estou de mãos atadas etc. para significar o irrepresentável. E já não foi dito que ninguém jamais se apaixonaria se não tivesse ouvido falar em amor? Os antropólogos do século passado vieram em socorro a essa tese. Quanto à *lalíngua*[6], ela lança mão de todos os artifícios para

---

[6]No original, em português, *"alíngua"*. Optamos por "lalíngua" Damos com isso preferência à homofonia que Lacan acentuara entre "lalangue" - "lallation" [lalingua-lalação] (NT).

inspecionar os afetos, produzindo essas constelações lexicais que permitem dizer, por exemplo, quando está com um humor saturnino, que você está triste, mas também muito cansado, abatido, desanimada, desesperado, aflito, sombrio, moroso [*morose*], ermo, agoniado, desgostoso, melancólico, choroso, arisco, deprimido etc. Os poetas estão muitas vezes na origem desses deslizes de vocabulário. Quanto a Lacan, quando ele escolhe um deles, é sempre intencionalmente.

Não é questão, portanto, de retornar a uma clínica do afeto que teria faltado. Pelo contrário, trata-se de detalhar o que, do inconsciente, da linguagem e do discurso, determina os afetos, no duplo sentido de produzi-los e especificá-los — o que é muito necessário se quisermos ter algumas chances de mudá-los.

NO COMEÇO ERA FREUD

1
O afeto minorado

Visto um pouco de longe, transcorridos alguns anos, percebe-se melhor o aspecto cômico da crítica que foi feita a Lacan, exceto se tratasse de má fé, pois o culpado, nesse ponto, é de fato o próprio Freud.

O postulado original de Freud é de que os sintomas, com os afetos que geram, são formações do inconsciente. Ora, quando se trata de dizer como acessar o inconsciente, Freud não convoca o afeto, mas a decifração. A esse respeito, *A interpretação dos sonhos*, *O chiste e sua relação com o inconsciente* e *Psicopatologia da vida cotidiana* são categóricos. A via real para o inconsciente é a decifração do sonho, não as diversas comoções que ele suscita. Forma de significar já que o afeto, por mais pungente que seja para o sujeito, não é sua bússola para a interpretação.

Sua teoria do recalque confirma e explicita isso. Com efeito, do que é feito o inconsciente recalcado se não daquilo que ele chama de representações — *Vorstellungen* — e também representante da representação — *Vorstellungsrepräsentanz* —, como elementos propriamente recalcados, passados para outro lugar, mas que permanecem no inconsciente e que se trata justamente de encontrar por meio da decifração? Esse "*Vorstellungenrepräsentanz* [...] equivale à noção e ao termo significante"[1], diz Lacan. Mas outro elemento está em jogo, que é justamente aquilo que Freud chama de "*quantum* de afeto", desde seu "Projeto para uma psicologia científica", até seus textos sobre recalque. Ele deve ser situado no eixo prazer-desprazer e não é recalcado — desaparecido, portanto —, mas, diz ele, deslocado, ou seja, desconectado de sua causa original. Portanto, não se deve opor o intelecto ao afetivo, pois, se o afeto está ligado, como tudo indica, a imagens e significantes, ele não pode ser concebido fora do simbólico, mas a saber aquilo que opera na técnica analítica.

Além disso, não se trata obviamente de quaisquer representações em questão. Se são recalcadas é porque estão ligadas às experiências sexuais precoces — digamos: à pulsão —, inadmissíveis para o sujeito, e é a partir delas que a "quantidade [*quantum*] de afeto" se destaca. A partir daí, o afeto, ao passar de representações em representações, engana sobre sua origem. A palavra é de Lacan, a tese é de Freud. Este último, aliás, pôde qualificar as representações de origem como *proton pseudos*[2], "primeira mentira". Prova disso é a pequena fóbica de que ele fala em "Projeto para uma psicologia científica", a qual se assustava ao entrar nas lojas e que, no final da decifração por meio de várias lembranças de lojas, revela não ter tanto medo destas últimas como deixava supor sua fobia, quanto dos homens que nelas encontrara, com as primeiras experiências de transtorno sexual que experimentou ali. Seu medo da loja mentia... sobre a causa sexual. Ora, sem

---

[1] LACAN, J. (1958-59) *O seminário, livro 6: o desejo e sua interpretação.* Rio de Janeiro: Zahar, 2016.
[2] FREUD, S. (1950[1895]). Projeto para uma psicologia científica. In: *Edição brasileira das obras completas de Sigmund Freud — Edição eletrônica.* Rio de Janeiro: Imago, s/d., v. 1.

a causa, como tratar o efeito, *effect*? Também conhecemos o famoso exemplo dado por Freud acerca de seu "Homem dos Ratos", de um luto ruidoso em relação a uma pessoa quase indiferente e cuja dor discordante é iluminada somente, por meio da decifração, pela visão geral do deslocamento a partir da perda anterior de uma pessoa querida.

Lacan está tão longe disso quando diz que o afeto engana? Para ele, o caráter subordinado do afeto está ligado à abordagem estrutural: ali onde Freud dizio recalque dos *Vorstellungen* e *Vorstellungs-repräsentanz* ele diz metáfora, ou seja, substituição significante, e ali onde Freud dizia deslocamento de afeto, ele diz metonímia de afeto. Com isso, Lacan, freudiano, pensa ter somente "restabelecer"[3] a tese exposta notavelmente nos textos de 1915 sobre o recalque e na carta 52 a Fliess. Restabelecer quer dizer que isso estava esquecido, suprimido, apagado, justamente pelos pós- freudianos da IPA que reivindicavam Freud. Polêmica, então.

O que equivale ainda a dizer que, à pergunta "o que posso eu saber sobre o inconsciente?", há uma única resposta: nada que passe por uma decifração, dizia Freud, nada que passe por uma estrutura de linguagem, diz Lacan, e é a mesma coisa iluminada pela linguística, pois somente uma linguagem pode ser decifrada. O sujeito em análise questiona o inconsciente e espera dele uma resposta que não seja inefável[4], uma resposta que diga por que, e o afeto que se sente não poderia aí ser suficiente. Certamente ele não é de se negligenciar, a partir do momento em que o sujeito que o experimenta, por sua vez, não pode negligenciá-lo, mas

---

[3]LACAN, J. (1973). Televisão. In: *Outros escritos*. Rio de Janeiro: Zahar, 2003, p. 523.

[4]Lacan, J. (1958). De uma questão preliminar a todo tratamento possível da psicose. In: *Escritos*. Rio de Janeiro: Zahar, 1998, p. 555.

ele, se assim posso dizer, passeia muito, para que sua deriva tenha uma virtude epistêmica.

Essa minoração do afeto na decifração do inconsciente não deixa, a bem dizer, de criar dificuldades no diálogo da psicanálise com o discurso de seu tempo, e especialmente quando se trata de pôr em evidência sua abordagem específica e sua diferença em relação às psicoterapias. Ela impele à exploração do inconsciente, de um inconsciente que o sujeito não sabe, mas que gera os sintomas que o afetam e que deve ser interpretado. Os segundos, ao contrário, reúnem a narrativa dos afetos que não são inconscientes, que agitam e ocupam o sujeito, a começar por aqueles engendrados pelos diversos traumatismos que caem sobre ele em nosso mundo. A interpretação da verdade recalcada não é mera escuta, e a palavra de associação livre não é o testemunho. É que, contrariamente a uma proposição de Lacan em "A ciência e a verdade"[5], a verdade do sofrimento não é o próprio sofrimento, ela deve, antes, ser procurada do lado daquilo que causa esse sofrimento. É isso que Freud conseguiu fazer sujeitos ouvirem, os quais eles próprios a sentiam de forma penosa — os quais, digamos, padeciam com ela, com essa verdade. Freud, como se sabe, se preocupou muito em saber como fazer o analisando respeitar o trabalho da associação livre com todos os seus desvios muitas vezes incertos, e dos quais se espera que digam aquilo que o analisante não sabia ao passo que os afetos têm para o afetado a força da evidência imediata, de uma pseudoevidência.

Para dizer de outra forma, nos termos de Lacan, o afeto não representa o sujeito. É aliás porque o sujeito é representado não pelo afeto, mas pelo significante, elemento

---

[5]LACAN, J. (1965). A ciência e a verdade. In: *Escritos*, op. cit., p. 884.

identificável e transmissível, que se pode dizer que o afeto é passado para outro lugar, deslocado para outros significantes.[6] Pois, para julgar um deslocamento, é necessário um ponto fixo, e pode ser apenas o significante primeiro da experiência que gerou o afeto. No vocabulário estrutural, é a partir da metáfora do sujeito que se julga o deslocamento, a metonímia do afeto[7].

O que equivale a dizer que os afetos não são aliados da interpretação. Ao trazer à luz o inconsciente, a vivência do afeto é uma falsa evidência, que caminha junto com a dúvida e a incerteza quanto ao saber. Ela é experienciada, e até experimenta o sujeito, mas não prova nada, não é amiga da prova. Que o sujeito afetado se engane aí, de acordo, vemos o motivo, mas seria melhor, nessa prática, que o enganado não seja o analista.

---

[6]LACAN, J. (1973). Televisão. In: *Outros escritos*, op. cit., p. 523.
[7]*Ibid.*

Afetos indomáveis

No entanto, a teoria freudiana do recalque, que funda a minoração do afeto na técnica, está longe de esgotar seu conceito de inconsciente. Naquilo que é hoje habitualmente chamado de virada da década de 1920, seu *Além do princípio do prazer*, baseado na elucidação dos fenômenos da repetição, ratifica a experiência de cerca de três décadas de psicanálise. Para sua surpresa, Freud encontrou aquilo que, em 1915, designa como "resistência" de transferência. Um sujeito indócil que não se dobra, ou mais, à associação livre. Mas, mais ainda, uma resistência do sintoma que desafia os efeitos esperados da decifração. O que equivale a dizer que o afeto, subordinado na técnica analítica, revela não ser tão facilmente subordinado na experiência subjetiva.

A repetição

Freud ressaltou a insistência repetitiva dos infortúnios da infância na experiência da transferência. No capítulo III de *Além do princípio do prazer*, dedicado à "neurose da transferência", vale a pena demorar-se na página impressionante que ele dedica à infância. Sua ressonância vai muito além daquilo que as *Conferências introdutórias à psicanálise* já evocavam como cenas traumáticas originais: coito dos pais, sedução, castração. Isso era então dito em termos emocionalmente neutros. Aqui, é algo totalmente diferente. Freud enumera: a busca da satisfação pulsional que falha e deixa seu rastro no sentimento de inferioridade e num destino de fracasso; o amor que será forçosamente desapontado e, além disso, traído com a chegada de um rival, deixando a marca de um amplo sentimento de desdém que se torna a sina do sujeito. Isso não é tudo, pois Freud não esquece aquilo de que não se fala muito hoje — a saber, do esforço feito com uma seriedade verdadeiramente trágica, diz ele, para criar um filho e que fracassa na humilhação.

Essa é a série: sentimentos de inferioridade, traição, humilhação. Tantas dores apresentadas por Freud como inevitáveis, independentes, portanto, dos bons cuidados da educação, e por duas razões, segundo ele. Antes de tudo, porque todas as expectativas da criança, todas as suas demandas, são suportados pelas exigências pulsionais para com objetos edipianos que são, cito, "incompatíveis com a realidade". Entendamos aí que eles tropeçam na ordem à qual a Lei preside. Em seguida, porque não há proibição, o desenvolvimento corporal da criança é, de qualquer forma, insuficiente para que suas aspirações sexuais encontrem satisfação. Pode-se notar que Freud não convoca em nada a culpa dos pais, o adulto insuficiente, a mãe ruim ou o pai ausente etc., caros aos pós-freudianos e à nossa pós-modernidade. Além disso, segue uma página em que ele marca que a repetição na transferência de todos esses afetos negativos é ela própria animada pelas pulsões de origem que não levaram a nada e que não levarão a nada, isto é, a nenhuma satisfação da ordem do prazer. A transferência, se for uma repetição, será, portanto, apenas a repetição inexorável e sem saída do fracasso original, como se os efeitos inevitavelmente encontrados no início fossem o destino.

Deixo de lado a construção por meio da qual Freud tenta dar conta desses fatos inquietantes, não é meu objetivo aqui, mas, essencialmente, ela coloca, na origem dos afetos fundamentais dos sujeitos, por um lado a excitação pulsional com sua exigência que nunca cede e, por outro, a impossibilidade de satisfazê-la. Os afetos, portanto, são ali claramente concebidos como efeitos daquilo que chamaríamos de real, tanto o das exigências e dos limites do corpo vivo quanto o das impossibilidades próprias ao simbólico — para ele, o Édipo. Assim, ele chega a conceber que os fatos da repetição elevam a decepção primordial, indelével — de qualquer modo que a declinemos e que ele subsume sob o termo único de "castração" —, ao *status* de afeto indomável no qual, no final, a análise pode apenas topar.

A neurose, traumática

Em 1926, Freud terá dado mais um passo em direção à causa primordial com *Inibição, sintoma e angústia*, que o leva a fazer da angústia o primeiro dos afetos como efeito do encontro traumático na origem de qualquer neurose. Será essa a tese definitiva de Freud. A ênfase no real nela é confirmada de forma maciça e também reelaborada.

Este texto é notável em muitos aspectos, e antes de tudo em virtude da reversão de sua concepção das relações entre angústia e recalque. Não é tão comum que um autor se atreva a uma reversão tão crítica, e os discípulos de então celebraram tal feito. Freud finalmente entende que a angústia está no princípio da defesa — causa do recalque, portanto, e não o contrário. Mas então faltava encontrar a causa da angústia. Ela é o efeito de afeto de uma situação originária que ele chama de desamparo (*Hilflosigkeit*, "*desemparo*" em espanhol, "*helplessness*" em inglês[1]), isto é, aquela na qual o indivíduo avalia, ressalto, a fraqueza de suas forças diante de um perigo, a de uma excitação em excesso, intratável.

A situação de desamparo está ligada às cenas originárias de gozo, aquelas do sujeito ou do Outro. Em 1939, Freud retorna a elas em seu *Moisés*. O texto me parece de grande interesse em virtude de sua data tardia: é quase sua última mensagem sobre a neurose. Os traumatismos angustiantes que estão na origem dos sintomas são, diz ele, "experiências sobre o próprio corpo do indivíduo ou percepções sensórias, principalmente de algo visto e ouvido, isto é, experiências ou impressões"[2] que intervêm na primeira infância e que Freud evocou muitas vezes com a série típica: excitação, ameaça de castração, sedução, cena primitiva — sempre presente no âmago das elaborações fantasmáticas do sujeito.

A tese segundo a qual toda neurose é de origem traumática é fundada a partir deste momento. Com efeito, se a angústia é a causa do recalque do qual o sintoma retorna, então no início era o trauma. Algo sobre o qual Freud não voltará mais, e estamos em 1926. As *Novas conferências*, que são para esse segundo período a contrapartida daquilo que as *Conferências introdutórias sobre psicanálise* são para o primeiro período, fazem um balanço das elaborações de 1917 a 1927. Elas trazem algumas fórmulas esclarecedoras, mas nada de novo

---

[1]FREUD, S. (1926). Inibição, sintoma e angústia. In: *Edição brasileira das obras completas de Sigmund Freud — Edição eletrônica*. Rio de Janeiro: Imago, s/d., v. 20.

[2]FREUD, S. (1939). Moisés e o monoteísmo. In: *Edição brasileira das obras completas de Sigmund Freud — Edição eletrônica*. Rio de Janeiro: Imago, s/d., v. 23.

sobre a tese. O mesmo com relação a *Moisés e o monoteísmo* em 1939. Nele Freud recorre à origem sexualmente traumática da neurose estabelecida em *Inibição, sintoma e angústia*, mas sem alterar seus termos e com um objetivo preciso: estabelecer uma analogia, esse é seu termo, com aquilo que eu poderia chamar de etiologia dos povos. A aposta do texto não é o trauma em si: ele incide principalmente na função do Pai. É, a esse respeito, a continuação de *Totem e tabu*, diz Freud, exceto pelo fato de que ele alega, dessa vez, estar além do mito, em uma história que teria realmente ocorrido. Sem dúvida, essa é uma forma de visar a algo mais real que o mito, e nos deixa com a questão de saber se o trauma sexual tem ou não algo a ver com o Pai. Nesse ponto, Lacan ao mesmo tempo o sucederá e dará uma virada.

O entrave [*la butée*] freudiano

Seja como for, todas essas construções freudianas devem ser comparadas com sua tese sobre o *status* subordinado dos afetos na técnica analítica. Elas não a anulam em nada, mas mostram que, na experiência dos falantes, os afetos derivam a partir de sua ancoragem na experiência sexual traumática, muito real. Aliás, mesmo antes desse momento decisivo na dos anos 1920, Freud havia evidenciado, por meio da decifração, não apenas os sintomas típicos de cada neurose, já listados pela psiquiatria clássica: conversão histérica, cisalha do pensamento obsessivo, pavor fóbico, mas também um afeto original peculiar a cada um deles: aversão primária geradora de nojo, captação obsessiva por um excesso de prazer, angústia diante do enigma do sexo. O que Lacan chamará belamente de "obscura decisão do ser" no lugar do mais real do sexo. Que posso saber? Nada que não tenha a estrutura da linguagem[3], por definição. O afeto é subordinado. No entanto, o que preciso saber é de outra ordem. De qualquer maneira que o chamemos: "maldição sobre o sexo[4]", gozo, real, ele se traduz... em afetos próprios ao falante desde a origem. Ali, o afeto está em primeiro lugar. O que acontece então com os poderes da psicanálise?

Freud talvez não tenha explicado todas as consequências com relação ao afeto de sua tese sobre a origem traumática, mas ele as encontrou em seu veredicto sobre o rochedo da castração, entrave [*la butée*] da análise. Ao colocar no início do destino dos homenzinhos a experiência de uma "excitação" incontrolável, que ultrapassa o sujeito e gera uma angústia que ele qualifica como "real", Freud confere a esse afeto um *status* muito específico: efeito e causa ao mesmo tempo. Efeito de um encontro real com a referida excitação, mas causa do recalque que vai gerar os sintomas e repercutir nas sequelas de afetos posteriores, cuja "angústia como um sinal", que é simultaneamente memorial e aviso, ele coloca na primeira posição. Memorial do primeiro trauma e aviso de um perigo iminente. Em todo caso, o afeto é efeito, como ressaltei. Na origem, efeito do desamparo sexual, é a angústia, depois, quando o recalque fez sua obra graças à angústia justamente, efeito do retorno do recalcado no desprazer do sintoma. Assim, Freud terá definido as conjunturas causais típicas dos primeiros afetos, tornando a sexualidade a origem irredutível das dores da neurose. Portanto, era aparentemente com toda lógica que sua descrição dos infortúnios da infância se repetindo na transferência, e de que ele fundou o além de seu princípio de prazer, o levou a propor, em "Análise

---

[3]LACAN, J. (1973). Televisão. In: *Outros escritos*, op. cit., p. 534.
[4]*Ibid.*, p. 530.

terminável e interminável", o topar [*la butée*] com o rochedo da castração, sob a forma dupla de uma sobrecompensação masculina e uma depressão feminina de fim, dirigidas ao analista. Era como dizer que a análise fracassa na repetição como a principal manifestação clínica do além do prazer.

Quanto a Lacan, que acompanhou Freud na minoração técnica dos afetos que mencionei, nesse ponto ele não o segue mais. Se ele dedica um ano inteiro à angústia como o afeto determinante do trauma, é com a intenção, explícita, de retificar aquilo que Freud nos deixou em relação ao entrave [*butée*] que ela constituiria no final de uma análise. A aposta era prática: se os afetos originários da tenra infância, que podemos subsumir sob a expressão "angústia de castração", obedecem somente ao regime da repetição, e que a transferência é repetição, então eles são irredutíveis e, de fato, prometem, além de efeitos terapêuticos parciais, o fracasso da análise em um desespero, ou até mesmo uma reivindicação perpétua.

RETOMADA PELO AVESSO

3

A angústia tomada pelo objeto

Em cada seminário de Lacan, algumas fórmulas-chave muito impressionantes criam sentenças e se estabelecem como pontos de ancoragem de desenvolvimentos diversos. O seminário *A angústia* compreende muitas delas. Seleciono inicialmente esta aqui: a angústia, afeto que "não engana". Ele adquire importância tendo como base a tese freudiana: o afeto mente sobre sua causa assim que se desloca. A fórmula de Lacan faz, portanto, da angústia aquilo que chamei de afeto de exceção.

Um afeto de exceção

Toda a clínica da angústia atesta isso, a angústia é experimentada, sentida, pertence àquilo que Lacan chamava, em "A direção do tratamento", de sentir; além disso, porém, diferentemente de outros "sentimentos", ela sempre engaja grandes manifestações corporais — nó na garganta, coração disparado etc. Ela pertence ao registro do temor [*crainte*] e, no entanto, não deve ser confundida com o medo [*peur*]. No medo, "falta a característica da angústia, no sentido de que o sujeito não está pressionado, implicado nem interessado no mais íntimo de si mesmo"[1]. A angústia se caracteriza por três traços: uma ameaça obscura, sentida, cuja natureza o sujeito não conseguiria dizer, mas da qual não pode duvidar que ela lhe diz respeito. Iminência, portanto, de algo que ele não sabe e que o visa. No entanto, paradoxo: por mais pungente que seja a angústia, ela não é inimiga da prova. Como pode ela não enganar, ao passo que o angustiado não sabe aquilo que o toma? É que, justamente, diferentemente de todos os outros afetos, a angústia não se desloca, mas permanece arrimada àquilo que a produz. Começar a dizer que essa causa fora o desafio do seminário *A angústia*.

Disse: "não é inimiga da prova", mas falar em prova ainda é dizer muito pouco, pois é de que certeza que se trata, não de demonstração. "Certeza atroz", diz Lacan. Ora, a certeza não é da ordem da argumentação e do dedutível. A angústia é um fora de dúvida que não passa pelo trabalho do pensamento, que não conhece a dialética e que não precisa de provas. Como não se lembrar aqui de que o termo "certeza" é usado na clínica da psicose, na própria medida da foraclusão que a caracteriza? Ali onde algo do significante é foracluído em relação ao Outro barrado, ocasionalmente ocorre a angústia. Não que ela seja de natureza psicótica; é, antes, que a definição da foraclusão merece ser estendida: a certeza clínica da angústia indica inquestionavelmente que ela se refere não ao significante que engana, sempre pronto para desaparecer em prol de um outro, mas a um real (e não estou dizendo: o real) que se trata de circunscrever.

Lacan não fez isso de uma só vez. Ele primeiro a situou com relação ao objeto *a* que falha em se inscrever no Outro, lugar dos significantes, que pertence ao Outro, mas nele

---

[1]LACAN, J. (1962-63). *O seminário, livro 10: A angústia*. Rio de Janeiro: Zahar, 2005, p. 177.

A ANGÚSTIA TOMADA PELO OBJETO

fazendo furo; em seguida, ele ampliou a tese, relacionando-a de maneira mais geral ao real fora do simbólico. Mas, no começo, ele marcou que o verdadeiro enganador, o primeiro *proton pseudos*, é o próprio simbólico, que preside a substituição dos signos, a qual faz perder o rastro, recalca o evento real insuportável. Essa era a primeira tese de Freud, como já disse, e a qual Lacan retoma, modificando-a: o significante não é tanto o rastro do real, mas o representante de um sujeito que fez sua "entrada no real"[2] por meio do apagamento do rastro justamente — apagamento que engana o real e que abre à metonímia, ao deslizamento infinito na cadeia de substituições.

A esse real, a angústia é amarrada de forma dupla: ela é produzida por ele e ele é seu referente inamovível, se assim posso dizer. Daí a fórmula central do seminário: a angústia "não é sem objeto", esse objeto *a* do qual ela é precisamente o índice. O termo freudiano mais conhecido é "sinal". Ele tem outras conotações além de "índice", evoca mais o traço de iminência, do tipo "cuidado: perigo", pois a angústia não é o afeto do realizado, mas da manifestação iminente. É por isso que Freud lhe concede uma função positiva de alerta, de defesa. Participando do assombro [*hantise*], ela desempenha o papel de para-surpresa. No entanto, digo "índice" em vez de "sinal" para insistir no fato de que a angústia, afeto da iminência de um real, tem também, por isso, um valor epistêmico. Digamos que seja ela o único afeto aliado da interpretação. Aqui é preciso colocar Kierkegaard e seu *conceito de angústia* em oposição à dialética do significante em marcha em direção ao saber absoluto promovido por Hegel. Entre os dois é preciso escolher, diz Lacan na última lição do

---

[2]LACAN, J. (1960). Observação sobre o relatório de Daniel Lagache. In: *Escritos*, op. cit., p. 661.

seminário, e ele escolhe Kierkegaard. Ele evoca o conceito de angústia produzida por este último e diz, cito: "Não sei se todos se dão conta da audácia exibida por Kierkegaard com esse termo. O que pode significar isso senão que a verdadeira captura do real é, quer a função do conceito segundo Hegel, isto é, a captura simbólica, quer a que nos é dada pela angústia, única apreensão derradeira de toda realidade como tal, e que é preciso escolher entre as duas"[3].

Tomada do real por meio do afeto, portanto. Vemos o desafio: é a questão do real para um ser, o falante, que o simbólico, tão altamente valorizado no início do ensino de Lacan, extravia nas vias da deriva, a tal ponto que foi possível perguntar se a vida não era um sonho. Pela primeira vez, Lacan, com a angústia, evidencia um afeto que tem a função de revelar aquilo que o significante não pode revelar, um real. Esse é um primeiro passo para o fim do monopólio do significante no que diz respeito ao saber. Portanto, não nos surpreenderemos se Lacan, à medida que elabora a *diz-mensão* do real, flexiona as primeiras fórmulas todas referidas ao objeto *a* e as aplica mais amplamente ao real.

A angústia, afeto de separação

Objeto engraçado esse objeto *a* de Lacan. As fórmulas pelas quais ele o aborda brilham tanto por sua estranheza quanto, às vezes, por sua heterogeneidade, ao menos aparente.

Um objeto estranho

Poderíamos, aliás, alçá-lo a uma charada: o que é que não tem imagem, nem significante, que, portanto, não se vê nem se decifra, que, consequentemente, procede do real

---

[3]LACAN, J. (1962-63). *O seminário, livro 10: A angústia*, op. cit., p. 362.

A ANGÚSTIA TOMADA PELO OBJETO

impossível de ser apreendido pelo imaginário tanto quanto pelo simbólico, mas que, no entanto, opera como a causa de tudo o que se diz e que se faz? É esse estranho objeto que Lacan escreve com uma letra.

De fato, Lacan teoriza aí de uma nova maneira as questões clássicas da psicanálise: a daquilo que Freud chamou de desejo inconsciente, indestrutível, e aquela, mais geral, do motor da economia psíquica e da "relação de objeto", isto é, do investimento libidinal da realidade. Como objeto "que falta", a fórmula é de 1976, ele é causa do desejo em sua dupla valência, negativa e positiva, de desejo insatisfeito, pois é impossível de ser colmatado por qualquer outro objeto e, contudo, de desejo dirigido sobre objetos específicos.

Tal como o inconsciente-linguagem do qual ele é efeito, esse objeto é constituinte do *falasser* [*parlêtre*]. Duplamente. Com relação àquilo que lhe falta[4], é o objeto "que não existe mais"; mas ele também é a via, o trilho[5] por onde os "mais-de-gozar" chegam ao desejo. Ele condensa, portanto, sua causa e seu objetivo. Seus precursores na história da psicanálise são o objeto originalmente perdido de Freud, o objeto transicional de Winnicott como "emblema"[6] na realidade do objeto causa, e os chamados objetos parciais da pulsão, que o relacionam com o registro do gozo.

---

[4]LACAN, J. (1976). Prefácio à edição inglesa do *Seminário 11*. In: *Outros escritos*, op. cit., p. 569.

[5]LACAN, J. (1973). Posfácio ao *Seminário 11*. In: *Outros escritos*, op. cit., p. 505. "E o objeto (*a*), tal como o escrevo, é, por sua vez, o trilho por onde chega ao mais-de-gozar aquilo de que se habita, ou em que se abriga, a demanda de interpretar. (*O seminário, livro 11: Os quatro conceitos fundamentais da psicanálise*. Rio de Janeiro: Zahar, 1988, p. 265).

[6]LACAN, J. (1960). Subversão do sujeito e dialética do desejo. In: *Escritos*, op. cit., p. 829.

OS AFETOS LACANIANOS

Só que, o que Lacan acrescenta, é sua "hipótese", como ele diz, da operatividade da linguagem, desconhecida em Freud.

O objeto *a* "aquilo que falta"[7], uma parte de vida perdida pela falha [*faute*] da linguagem, voltarei a isso, mas, para dizer a verdade, essa falta [*manque*] em si não é simples, pois ela falta ao mesmo tempo no imaginário, no simbólico e no real tanto quanto o nó que eles formam entre si. Bem distinto, pois, do objeto das chamadas relações de objeto a partir do qual a transferência foi pensada e que, por sua vez, é o objeto visado na realidade. Desde o início, contra a ênfase dada a essa relação de objeto no movimento analítico, Lacan sublinhou, contra a maré, que aquilo que importava primariamente era, primeiro, a falta de objeto. Em 1976, ele persiste com a expressão que acabei de citar, mas, enquanto isso, acrescentou a ela o registro do gozo com a noção de objeto mais-de-gozar.

Em outras palavras, o objeto *a* é aquilo que falta e que todos os objetos que não faltam na realidade procuram fazer esquecer. No discurso comum, em que o significante mestre, o S_1, ordena tanto a realidade psíquica quanto a realidade comum, o sujeito é um sujeito completado que não pensa sua falta, pois os mais-de-gozar propostos, unidos àquele mais íntimo da fantasia, se esforçam para preencher a hiância. Sem essa operação de preenchimento, não se compreenderia que o universal da castração tenha podido ser ignorado de maneira tão massiva até Freud, e tampouco que alguns autores contemporâneos, não mais tolos que outros, escarneçam da referência lacaniana à falta e, muito pelo contrário, acreditam estar na moda ao sustentar que, a

---

[7]LACAN, J. (1976). Prefácio à edição inglesa do *Seminário 11*. In: *Outros escritos*, op. cit., p. 569.

A ANGÚSTIA TOMADA PELO OBJETO

partir de agora, estamos naquilo que um filme chama de *land of plenty* [terra da abundância]. Pensemos em Sloterdijk e alguns outros na psicanálise.

Mas, enfim, dirão, se o objeto *a* não é um objeto da percepção, não é um fenômeno situado nas coordenadas de tempo e espaço da estética de Emmanuel Kant, ele não procede da... objetividade científica. Rebelde às estatísticas e medidas, ele escapa às normas do quantitativo, não é registrável nem fotografável. Um *noúmeno*[8], talvez? Como, então, a experiência analítica pode afirmar sua função central sem no mínimo ofender o espírito científico e sem adquirir uma coloração religiosa ou até mesmo mística? A psicanálise, no entanto, não é a religião do objeto *a*.

Não acreditamos no objeto, diz Lacan em *O sinthoma*. Não é ele que se constata na experiência, é o desejo e a repetição quando se trata da experiência de uma análise. Cito: "Não cremos no objeto, mas constatamos o desejo e, dessa constatação do desejo, induzimos a causa como objetivada"[9], pois "*a*, suporte do desejo na fantasia, não é visível naquilo que constitui para o homem a imagem de seu desejo"[10]. Em outras palavras, ao colocar em jogo o desejo, o objeto visado pelo desejo, aqui designado pela imagem do desejo, distingue-se de sua causa que supõe uma subtração, a qual permanece velada. Por esse motivo, a pessoa que deseja ignora o

---

[8]*Númeno* ou *noúmeno* (...) é um objeto ou evento postulado que é conhecido sem a ajuda dos sentidos (...). Também pode ser entendido como a essência de algo, aquilo que faz algo ser o que é. O termo é geralmente usado em contraste ou em relação com fenómeno, que em filosofia se refere ao que aparece aos sentidos, isto é, é um objeto dos sentidos". NÚMENO. In: *Wikipedia*. Disponível em: <https://tinyurl.com/urkdcyx9> (Acesso: 16 jun. 2021).

[9]LACAN, J. (1975-76). *O seminário, livro 23: O sinthoma*. Rio de Janeiro: Zahar, 2007, p. 37.

[10]LACAN, J. (1962-63). *O seminário, livro 10: A angústia*, op. cit., p. 51.

que causa isso em prol daquilo que ela visa, e o sujeito nunca se reconhece em seu desejo, aquele que o carrega por baixo de seus desejos plurais.

Para abordar esse objeto, Lacan recorreu à lógica (ele é induzido e não constatado) e à topologia (que o localiza na estrutura da linguagem). Isso equivale a dizer que esse objeto não é concebível sem o simbólico — digamos: sem o Outro. Ele é o efeito da marca do Outro no vivente, não sendo um elemento significante desse Outro. Dizemos, portanto, tratar-se do "objeto *a* de Lacan" porque foi ele que construiu a noção. Isso não quer dizer, contudo, que ele funcione somente em uma psicanálise que diríamos lacaniana. O objeto a de Lacan está em toda parte, assim como o inconsciente que se diz freudiano está em todo lugar. A homologia é assegurada. O inconsciente freudiano somente pode ser interrogado como um saber graças ao procedimento inventado por Freud. No entanto, sendo freudiano, ele não deixa de estar em todo lugar em que o ser fale, isto é, em que o instintual se submete à influência do trauma original.

O fato de o inconsciente falar desde sempre, e que ele é decifrado como uma linguagem a partir de Freud, ainda não dizia aquilo que o fazia falar. A teoria do objeto *a*, que é o correlato do inconsciente-linguagem, visa explicar o motivo daquilo que nela "faz efeito". Esse objeto se situa, portanto, do lado daquilo que Freud designava com os termos "libido" e "energia pulsional". Poderíamos dizer que, com ele, é tanto o motor da vida psíquica quanto social que está em questão.

Ele está em toda parte e não apenas na psicanálise. Desde 1970, em "Radiofonia", Lacan diagnosticava "a ascensão ao zênite social do objeto que chamo pequeno *a*"[11]. É por isso

---

[11]LACAN, J. (1970). Radiofonia. In: *Outros escritos*, op. cit., p. 411.

que podemos questionar o objeto *a* e suas funções diferenciais tanto na civilização quanto na psicanálise. O mesmo desdobramento também é válido em outras ocasiões no que diz respeito à angústia.

O lugar da angústia

O seminário insistia nas conjunturas de angústia: momentos em que aparece no imaginário algo que convoca ou evoca o duplo desconhecido, do sujeito e do Outro. Essa é a tese. São conjunturas particulares, dado que, como regra geral, o enigma é recoberto pelo discurso. O referente da angústia é o objeto causa, mas como causa do desejo do Outro, *alien* [alheio] ao sujeito da consciência, desconhecido, portanto, quer esse desejo do Outro seja apreendido do lado do parceiro ou do lado do sujeito, que, ele próprio, deseja enquanto Outro, isto é, sem ter o comando de seu próprio desejo. Isso equivale a dizer que é o lugar da barra no Outro que inscreve a falta de significante, que é o próprio lugar do objeto causa.

Aparição é um termo que funciona eletivamente no registro do visível. Por exemplo, a imagem dos lobos no sonho de angústia do "Homem dos lobos", o caso de Freud. Nele, é o aparecimento de uma imagem que, para esse sujeito, convoca algo invisível e informulável do sujeito ou do Outro. É o mesmo que ocorre no apólogo do louva-a-deus que avançaria em sua direção, ao passo que você não sabe se está usando ou não a máscara do macho que ela vai devorar.

Daí uma formula muito insistente nesse seminário, sobre a estrutura mais geral da angústia: ela ocorre quando algo aparece, ou vai aparecer, nesse lugar vazio, quando, portanto, "a falta falta", convocando a presença desse hóspede inapreensível do qual não há imagem nem ideia, mas que, no entanto, às vezes faz "aparecer alguma saliência do véu fenomênico"[12]. Algo aparece, portanto.

Mas onde e como? Com relação ao "como", ao seguirmos a clínica da angústia tal como Lacan nos propõe, percebemos que é tanto pela presença quanto pelo desaparecimento de algo. Pensem em *Le Horla*, de Maupassant, e na imagem desaparecida do espelho — pânico; pensem também no pequeno ruído inesperado que surpreende o *voyeur*. Qualquer contratempo no campo perceptivo, pelo vazio ou pelo pleno, pode fazer o fantasma da causa se levantar. É, portanto, no imaginário reduzido ao visível, e mais geralmente ao percebido, que as aparições agonizantes encontram seu lugar? A literatura fantástica é cheia de exemplos desse tipo, é um fato, e o seminário *A angústia* enfatiza isso, Lacan retomando seu esquema do espelho para completá-lo com um esquema óptico mais complexo. Seria preciso convocar os *thrillers* e toda a literatura de terror para verificar como nela se constrói a mistura explosiva de um encontro em que a certeza atroz vem por meio do desconhecido que apareceu na percepção.

No entanto, acredito que a tese deve ser ampliada, pois a angústia não aparece apenas no campo das imagens. Sua localização é mais ampla, ela se estende a todo o campo do imaginário, que, por si só, não se reduz ao visível, mas inclui o registro do significado [*signifié*]. De forma geral, a angústia aparece ali onde há ruptura das significações esperadas, quer seja por um contratempo no campo perceptivo ou por um fracasso [*raté*] no campo do discurso. A angústia é inseparável dessa dimensão do não saber, do objeto desconhecido a que a Coisa visa na imagem desejada e que, no entanto, não aparece nele.

---

[12]LACAN, J. (1963). Kant com Sade. In: *Escritos*, op. cit., p. 783.

Para dizer melhor, com os termos do seminário *Os quatro conceitos fundamentais da psicanálise*, a angústia pertence àquilo que Lacan chamou de registro da "separação" e ela vem no lugar da barra no Outro. Trata-se do lugar em que não há significantes para dizer o que é o seu querer indizível e qual objeto ele conclama. É, portanto, um lugar em que não estou inscrito em nenhum significante, separado, pois, da cadeia significante. É por isso que podemos dizer que o objeto pertence justamente ao Outro da linguagem, mas fazendo um furo nele, o que Lacan escreveu usando os círculos de Euler em *Os quatro conceitos fundamentais da psicanálise*.

A sujeição do sujeito ao discurso do Outro, sua alienação às significações nele inscritas, não são em si só angustiantes. Isso gera, decerto, uma sorte de afetos variados: indignação, protesto, cólera ou, pelo contrário, aceitação, e até mesmo orgulho, e funda o que eu chamaria de bom grado para cada um de seu ser *outrificado* [*autrifié*], passado no espelho do Outro. Não é de hoje que a questão "Que sou eu?" propriamente em minha unicidade se coloca. As respostas já disponíveis para um sujeito são as da imagem do palco do espelho, i(a), imagem que tenho, mas que não sou, e depois aquelas do que chamo de espelho falante do Outro, do discurso que esculpe meu retrato seja ele qual for, por assim dizer, e que escrevo i(a)[A]. Há um hiato entre esse ser *outrificado* pelo duplo espelho e pelo sujeito inconsciente: ele é trajado com uma imagem, representada por significantes, mas o sujeito como tal é um x, o desconhecido na casa do ser *outrificado*, barrado por ele mesmo.

Uma psicanálise ao visar o inconsciente atua na linha desse hiato que se manifesta em afetos múltiplos, mas distribuídos entre dois polos: ou o sujeito denuncia essa casula ou se paramenta com ela, ou a recusa, ou a aceita, mas em ambos os casos, ele é disjunto dela. Na análise, diz Lacan, as identificações são "denunciadas". Portanto, não somente percebidas, mas recusadas: eu não sou isso. E aquele que se questiona começa dizendo tudo aquilo que ele não é e que acreditam que ele é: não sou aquilo que veem em mim, não sou aquilo que dizem sobre mim, e ainda mais essencial, não sou aquilo que eu digo sobre mim. Às vezes, isso pode causar efeitos engraçados. No entanto, não é nesse nível de denúncia do retrato que se situa a angústia. Nesse nível, estamos em um eixo que vai do consentimento ao protesto.

O que é angustia é o contrário: o vazio da significação como enigma do Outro. Isso ainda não é suficiente. Os hieróglifos no deserto deixam vazio o espaço da significação, mas não angustiam. É preciso que à falta da significação se acrescente uma condição suplementar: que o sujeito, o angustiado, ou melhor, o *angustiável* [*angoissable*], se sinta concernido em seu próprio ser — essa é a diferença para com o medo.

Assim, é preciso distinguir, acredito eu, os afetos de alienação e os afetos de separação, dentre os quais a angústia é o principal, ou seja, "o desconhecido como vivenciado". Então, o Outro adquire existência. O vazio da significação — isto é, o enigma —, assim, se torna certeza, vale como certeza. Certeza, primeiramente, que isso quer dizer algo, mesmo que eu não saiba o que, e, segundo, que sou visado por isso. Foi isso que Lacan chamava, em sua "Questão preliminar a todo tratamento possível da psicose", de uma "significação de significação"[13]. Ela coloca a angústia entre enigma e certeza e vale tanto para a neurose

---

[13]Lacan, J. (1958). De uma questão preliminar a todo tratamento possível da psicose. In: *Escritos*, op. cit., p. 545.

A ANGÚSTIA TOMADA PELO OBJETO

quanto para a psicose, exceto que o psicótico se coloca como referente universal.

Quando essa dimensão do desconhecido falta, são outros afetos que respondem ao confronto com o Outro: terror [*terreur*], pavor [*effroi*] ou assombro [épouvante]... O apólogo do louva-a-deus proposto por Lacan tornaria permitiria testá-lo: diante de uma louva-a-deus gigante, se sei usar a máscara do macho que ela vai devorar, não se trata de angústia, mas de medo pânico e a eventual fuga.

Destituição selvagem

Precisar o que são as conjunturas da angústia ainda não diz aquilo que ela é como afeto, em sua essência. Sem preâmbulo, direi que a angústia é um momento de "destituição subjetiva", ou seja, iminência de ser reduzido ao objeto. Trata-se de uma destituição espontânea, selvagem, e que se repete sem instruir o sujeito, apenas assustando-o com sua horrível certeza, diferentemente da destituição didática do fim de análise proposta por Lacan. À destituição espontânea, uma resposta espontânea: a fuga. Há muitas maneiras de dar essa resposta. A fabricação de sintoma é aquela que Freud descobriu, o caminho da neurose que vai da angústia ao sintoma se seguirmos suas últimas elaborações. Hoje, os ansiolíticos contam com isso, como variantes dos soporíficos que nenhum século ignorou, na resposta de evasão.

Disse momento. A coisa tem sua importância clínica. A angústia sempre surge em uma estrutura de descontinuidade temporal, com um antes e um depois que permitem com precisão circunscrever suas coordenadas. Enquanto que o sujeito é deslizamento ao longo da cadeia que preside o vetor temporal, a angústia ocorre no modo do corte: ela é parada e imobilidade, funil, abismo temporal e também mutismo atônito, posição de imobilidade, diz Lacan[14]. Nada a ver com outros tipos de momentos transmitidos pelo discurso. Os momentos de triunfo, por exemplo, são uma instituição egoica que engajam curiosamente toda uma gesticulação de expansão, como vemos regularmente em nossas telas no esportista que acabou de triunfar, ou naquele outro tipo de atleta que é o eleito se apresentando ao seu público, sem esquecer as vociferações dos torcedores. Também poderia evocar os momentos de catástrofe realizada que nossas telas nos oferecem com suas imitações e posturas, repetidas e idênticas de drama em drama.

A angústia, pelo contrário, não tem uma postura padrão, coletivizante; ela suspende o relógio, o movimento e a voz, para uma experiência de iminência, uma espécie de epifania vivenciada do objeto em instância. Nesse sentido, é justamente um afeto que tem um alcance ontológico e que, como perceberam as filosofias existenciais, é revelador do ser do sujeito. Sobre esse ponto, o passo dado por Lacan com relação a Freud é considerável. Essencialmente, Freud pensou a angústia no plano do ter. Ele reconheceu nela o principal afeto da falta a ter, falta de recursos, eletivamente ameaça feita ao órgão como instrumento de gozo ou instrumento de união com a mãe, conforme sugerido por Ferenczi. A princípio, Lacan postulou que a falta a ter ocorria na base de uma falta a ser mais original, inextricavelmente ligada aos efeitos da fala, e isso lhe permite reconhecer o alcance das filosofias existenciais às quais a falta a ter freudiana parece muito irrisória.

Retomo. A angústia aparece cada vez que um falante sente que está a ponto, é o caso de dizer, de ser reduzido

[14]LACAN, J. (1954). Resposta ao comentário de Jean Hyppolite. In: *Escritos*, op. cit., p. 392.

ao *status* de objeto, cada vez que ele é ameaçado de não ser nada além desse "obscuro objeto", como dizia Buñuel sobre o desejo do Outro, ele que pensa ser um sujeito. Isso é verdade quando o Outro é um parceiro — paradigma da louva-deus que mencionei; mas não é menos quando é o próprio sujeito quem deseja "enquanto Outro". Paradigma, dessa vez, do angustiado diante da página em branco em vias de ali fazer o objeto... fedorento que ele é em sua fantasia.

Ainda assim, é preciso dar mais um passo e não esquecer que a clínica do desejo é duplicada por uma clínica do gozo, que o objeto causa, negatividade de gozo, é também aquilo que condiciona todos os mais-de-gozar. Por que não estender as teses do seminário *A angústia*, e desdobrá-las de acordo com os gozos os quais o objeto *a* condiciona, a todos? Lacan inscreve três deles no nó borromeano: o gozo-sentido [*jouis-sens*], o mais mental, que põe em jogo o imaginário do corpo e as representações a ele associadas; o gozo fálico, fora do corpo, maquinado pelo significante e, como ele, fragmentado, que vai do gozo do órgão a todas as formas de poder; e por fim, o gozo do Outro, fora do simbólico, não colonizado pela linguagem, mas não fora do imaginário.

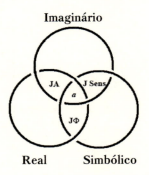

Creio que a esses três gozos correspondem a três ocorrências de angústia. Sei bem que Lacan, ao situar inibição, sintoma e angústia no aplainamento do nó borromeano, coloca este último em conexão com o gozo do Outro como angústia do real que irrompe no imaginário do corpo. No entanto, há também uma angústia diretamente conectada ao sentido, e trata-se da angústia das rupturas de sentido, tão acabrunhante em nossa época e que explica o motivo de muitas das chamadas crises de pânico. No nível do gozo fálico, estão todas as angústias ligadas ao ter — aquelas que Freud percebeu de início: angústia de impotência, de perda, de fracasso, mas às vezes também de sucesso, tão paradoxal para o bom senso [*sens*], o sentido [*sens*] que se considera bom. Obviamente, é no nível do gozo do Outro que não deve nada ao simbólico que é o principal da angústia como angústia do real, as formas mais conhecidas sendo a angústia da facticidade traumática da existência, e no nível propriamente sexual, a angústia do gozo não fálico, outro. Nos três casos, o sujeito é vítima do sentimento de "ser reduzido a seu corpo", destituído, como ser ali fora de sentido, até mesmo um mero instrumento de conquistas fálicas, ou, mais radicalmente, abolido pelo real *alien* que nivela todas as balizas.

De maneira mais geral, o que Lacan aborda em 1962-1963 a partir do Outro barrado, com seu objeto desconhecido que falha em passar para a linguagem e que, por isso, é inferido como causa do desejo, deve ser retomado em termos de gozo. Evoquei a angústia "afeto típico de todo advento de real", a expressão não se refere mais apenas ao objeto *a*, mas a tudo aquilo que se apresenta como fora de sentido, do sintoma aos efeitos da ciência[15].

---

[15]Ver, nas p. 60 e segs., a seção intitulada "A angústia tomada pelo real".

4
A angústia tomada pelo discurso

A angústia referida ao objeto que divide o Outro registrava, de fato, aquilo que o próprio Lacan designou como "uma mudança na própria amarração da angústia"[1]. A expressão já indica que a estrutura onde a angústia se aloja, e de memória de falante, pois esse afeto parece justamente atravessar os séculos, não exclui o tempo da história da qual ela carrega a marca. Essa mudança é legível, e talvez permaneçam alguns traços dela na própria psicanálise, naquilo que separa Freud e Lacan.

Antes da ciência

É possível acompanhar um aumento cada vez mais insistente e explícito do tema da angústia na civilização ao longo dos séculos que se seguiram ao surgimento da ciência. Ela culminou nas chamadas filosofias existenciais. Kierkegaard para século XIX e Heidegger para o século XX, mas, na realidade, ela começou antes, com Blaise Pascal. Poderíamos até mesmo voltar um pouco além, penso eu. De qualquer modo, hoje

---

[1] LACAN, J (1969). O ato psicanalítico. In: *Outros escritos*, op. cit., p. 378.

o tema da angústia está em toda parte, sob diversos nomes e disfarçado de traumatismo. Mediante quais figuras e sob quais nomes ela se alojava em suas variantes prévias à ciência, e notadamente na era cristã, ela que não pode faltar?

Heidegger dedica uma pequena nota à teologia cristã em *Ser e Tempo*, no §40. Ele indica ali que seria interessante seguir o problema do medo e da angústia na teologia cristã. Antes da ciência — antes de Pascal, portanto. Ele próprio traçou um caminho que vai das considerações de Santo Agostinho sobre o medo em Kierkegaard, passando Lutero — voltarei a isso. Cito: "Não é por acaso que os fenômenos da angústia e do temor [...] tenham chegado onticamente e, embora com limites bem estreitos, ontologicamente, ao campo de visão da teologia cristã. Isso ocorreu toda vez que o problema antropológico do ser do homem para Deus passou para o primeiro plano e os fenômenos como fé, pecado, amor, arrependimento guiaram a colocação da questão"[2]. Seria, então, através desses temas da criatura de Deus, da falta e da salvação que o próprio tema da angústia seria latente, sem a palavra. É uma ideia muito interessante e muito justa.

O que é muito impressionante para mim, que não sou especialmente versada nos textos da teologia cristã, é que em São Tomás, por exemplo — pude verificar isso —, São Tomás de quem Lacan frequentemente cita a teoria das paixões, pois bem, a *Suma teológica* na parte dedicada aos afetos menciona o medo, não a angústia. No fundo, não é surpreendente e é muito indicativo. Na medida em que a teologia cristã coloca afetos no casal do homem pecador e na vontade divina que torna Deus um grande Outro

---

[2]HEIDEGGER, M. (1927). *Ser e tempo,* v. 1. Petrópolis: Vozes, 2005, p. 254.

A ANGÚSTIA TOMADA PELO DISCURSO 49

consistente, cujos artigos de fé dizem aquilo que ele quer, é concebível que haja mais medo do que angústia. A consciência do pecado torna aí o homem culpado e gera a antecipação da eventual ira e do castigo divino. Mas o penitente, por exemplo, o penitente da Idade Média, sabe o que esperar. Vejam o Apocalipse segundo São João, a respeito do qual havia escrito um texto intitulado *"L'Apocalypse, ou pire"* [O Apocalipse, ou pior][3]. O Apocalipse, que erige o quadro dos males prometidos ao pecador em razão da justa ira de Deus, provoca mais terror [épouvante] do que angústia, pois a angústia pressupõe enigma. Quando o Outro é consistente a ponto de anunciar por meio da voz de seus profetas aquilo que vai acontecer com você, pobre pecador, só lhe resta tremer de terror, mas isso não é angústia. Vejam os quadros de Hieronymus Bosch: terror e medo [épouvante] mais que angústia. Consequentemente, se houver angústia, ela só pode fazer suspeitar de uma falha na fé.

A escalada do tema da angústia na civilização é correlativa — digamos, para ir rápido — de uma perda de Deus que caminha paralelamente ao desenvolvimento da ciência, de Pascal a Heidegger via Kierkegaard. Podemos seguir essa trajetória até o momento em que a voz do Outro se cala. No lado cristão, ela vai dos profetas a Kierkegaard, com uma parada do lado de Lutero, e por um momento ela emerge graças a Pascal. Na filosofia, de Emmanuel Kant a Heidegger.

Poderá ser surpreendente encontrar Lutero ali. Evoco-o, pois, ao inaugurar a Reforma, parece-me que ele marcou uma retomada que visava, em seu furor, "salvar" o Deus antigo mais do que os pecadores. Extraio a data de 1512 em

---

[3]SOLER, C. (1996). L'apocalypse ou pire. *Lectures de l'Apocalypse*, 2. Buenos Aires: Coralo, 1996.

que Lutero produziu seu comentário sobre a Epístola aos Romanos. O que ele diz fundamentalmente em seu extremismo quando afixa seus panfletos, se recusa a se retratar, enfurece-se contra o Deus que é complacente com o mercantilismo das indulgências promovidas por uma Igreja corrupta? Mais radicalmente, porém, quando conjuga sua doutrina do homem mau, habitado pelo mal radical que o próprio Cristo não apagou, com a ideia de que a salvação, no entanto, é possível, uma salvação que não pode ser ganhada, não pode mais ser comprada, nem por dinheiro, obviamente, nem mesmo por boas obras, uma salvação outorgada pelo Outro, portanto? Ele não eleva Deus ao esplendor de um Outro totalmente absoluto, que deixa a criatura à mercê de seu... arbítrio, que nada pode abrandar, do qual não se sabe mais o que se pode esperar, não era o amor total que com o qual ele o credita enquanto cristão? Restauração de um Deus de enigma que castiga ou salva como bem entender.

Quanto a Emmanuel Kant, mais de dois séculos depois, ao celebrar a ciência em um esforço grandioso, mas desesperado, sua *Crítica da razão prática* teria tentado laicizar a voz, como voz da lei moral dentro dos limites somente da razão. No entanto, voz divina ou voz da razão, dá na mesma. A voz kantiana não exigirá o sacrifício de Abraão, mas o sacrifício de todas as aspirações sensíveis — Lacan diz, a propósito: o assassinato de todos os objetos do afeto humano, e é por isso que ele escreveu "Kant com Sade". Ambas, divina ou laica, exigem os sacrifícios da carne e geram temor, seja na presença do Deus sombrio ou do Supereu e seus mandamentos impossíveis. Kant terá sido, pois, o último representante das éticas da "grande voz". Digo que sua tentativa é desesperada, pois o Outro já estava morto, e a linha de fratura de acordo com a ciência estava inscrita com Pascal, o primeiro dos filósofos existenciais, se acreditarmos em Lacan.

Uma outra angústia

Pascal, o matemático do cálculo infinitesimal, o cientista que se interessa pelo vácuo, o inventor e o engenheiro dos transportes parisienses, o polemista de *As provinciais* que militavam pelo jansenismo e... o místico. Não é de admirar que tenha sido ele quem formulou a distinção entre o Deus dos profetas e o Deus dos filósofos reduzido ao sujeito suposto saber.

Que crente dividido é preciso ser para propor os cálculos de sua aposta? E como recorrer a essa aritmética, quando se abraçou o radicalismo jansenista que, naquilo que chamo de seu tudo ou nada da graça, da graça que anula todos os méritos, faz brilhar novamente por um tempo um extremismo feroz à la Lutero? Ele restaura a ideia da regência absoluta da vontade do grande Outro divino e, correlativamente, a da pobreza e da impotência absoluta do homem que nada pode fazer por sua salvação. Ao dizer "tudo ou nada" da graça, transponho os termos da aposta para a graça. Há quem será salvo, outros que não o serão, já está inscrito nos obscuros desígnios de Deus, dos quais não se sabe aquilo que os inspira. Esse "tudo ou nada" já promove uma outra figura de Deus diferente da de Lutero, um Deus de quem não se sabe exatamente o que ele quer, se ele é mais amor ou mais arbitrário, mais ausência do que vontade afirmada.

É que Pascal não é Lutero, ele é do tempo da ciência e a angústia, de acordo com a ciência, não é uma angústia do Outro, mas uma angústia, digamos, da ausência do Outro. Com o cálculo da aposta na vida eterna — ancestral longínquo de todas as políticas de previsão — surge outra dimensão, que curto-circuita a voz que ordenava, ao passo que a probabilidade substitui as certezas da fé. Obviamente, com esse Deus calculado, não se está mais muito seguro de saber se ele quer mesmo alguma coisa.

Pascal também nos dá a fórmula de uma angústia recentemente gerada: "O silêncio desses espaços eternos me aterroriza". Kant se maravilhará com o "céu estrelado acima de [sua] cabeça", ele fez a voz passar da consciência moral ao nível da criatura. Com essa frase, Pascal nos indica que o temor da grande voz, terrível, mas que assegura tanto a presença, já a dúvida foi substituída, fazendo surgir o silêncio da voz que se calou e que deixa a criatura na iminência de ser abandonada à angústia existencial de sua insondável derrelição. Passa-se da fé infalível ao enigma perturbador, com sua dimensão questionadora.

O momento é de transição, pois não se diria da época de Pascal aquilo que Lacan diz sobre a de Kant e a nossa: "Os espaços infinitos empalideceram por trás das letrinhas"[4] da ciência, que deixa o céu vazio. Para Pascal, o silêncio dos espaços eternos permanece ambíguo, como o seu pavor que equivoca entre a perda de Deus e a de seu afastamento, conforme o silêncio valerá como verdadeira ausência ou como voz de um Deus com a mensagem ilegível. E não é sua noite mística e sua invocação do Deus de Abraão, Isaac e Jacó que apagará a fissura no Outro e a ascensão irreversível daquilo que ele chamava de Deus dos filósofos: um sujeito suposto saber de cálculo, esse mesmo que Descartes convocava. Pascal está precisamente nessa linha divisória, com sua oscilação entre as duas angústias.

Essa fissura no Outro, para empregar uma imagem, não vai parar de se abrir, vai se tornar uma grande hiância, e não é por acaso se é a partir de Pascal que o tema da angústia começa se tornar explícito: não o medo do castigo, a

---

[4]LACAN, J. (1960). Observação sobre o relatório de Daniel Lagache. In: *Escritos*, op. cit., p. 690.

angústia diante do enigma e a improbabilidade da salvação. Ele caminhará via Kierkegaard até Heidegger.

Kierkegaard percebeu a dimensão dessa nova angústia, razão pela qual ele é geralmente considerado como o iniciador das filosofias existenciais. Mas com esse paradoxo que ele o fez no contexto do cristianismo. O que há de totalmente extraordinário nele é que ele conseguiu perceber o alcance ontológico da angústia no âmbito de um discurso da fé incontestável. Apenas olhando para o índice de seu *O conceito de angústia*, duas coisas aparecem: primeiramente, e isso é clássico, a angústia está conectada ao pecado, do começo ao fim. Isso não é novidade; o que o é, porém, é o título do primeiro capítulo intitulado "Angústia como pressuposição do pecado"[5]. A angústia é, portanto, primária, uma condição da pecabilidade e, além disso, segundo Kierkegaard, ligada à inocência, ao estado do sujeito que não conhece o bem nem o mal. Então, por que esse inocente se angustiaria? Resposta de Kierkegaard: por causa da possibilidade. Essa referência ao possível, o qual implica ao menos a alternativa, coloca a angústia no comando da criatura sozinha, conectando-a ao absoluto de sua liberdade. Não é preciso mais que isso para beirar a facticidade da existência.

O tema se torna central para Heidegger: a angústia é afeto da facticidade da existência. Desse alcance ontológico da angústia, ele produziu muitas fórmulas, tão eloquentes. Cito: "O com o quê da angústia"[6] e "ser e estar lançado"[7], lançado no mundo. E também: "a angústia singulariza",

---

[5]KIERKEGAARD, S. (1884). *O conceito de angústia*. Petrópolis: Vozes, 2010, arquivo digital.

[6]HEIDEGGER, M. (1927). *Ser e tempo*, v. 1, op. cit., p. 249.

[7]HEIDEGGER, M. (1927). *Ser e tempo*, v. 2. Petrópolis: Vozes, 2005, p. 136.

escrita em uma palavra — *esseule* [singulariza] : "A angústia singulariza [*esseule*] e abre a presença como *solus ipse*"[8], lança-o na estranheza, arrancando-o da familiaridade dos laços do cotidiano, na posição de significados que causam sua tranquilidade etc. Essas expressões não deixam de ter parentesco semântico com o *Hilflosigkeit* traumático de Freud. *"Déréliction"* [derrelição] teria sido possível como uma tradução para o francês em vez de *"détresse"* [abandono], mas esse termo teria acentuado a dimensão metafísica em detrimento daquilo que Freud acrescenta — a saber, não a ausência do Outro, mas a presença de um perigo real.

O surgimento do tema da angústia na cultura não procede de um fator individual. Ele é solidário de algo que caminhou nas profundezas do discurso e que nada mais é do que aquilo que designamos como perda de Deus. Essa é a mudança de amarração. A angústia, ou melhor, seus precursores do medo [*épouvante*], estavam amarrados à ira de Deus e aos mandamentos de sua voz, apensos a um dizer profético. O Deus consistente dos Profetas que renunciaram através da história permanece o Outro barrado do... *troumatismo*[9]. A angústia foi amarrada a um grande Outro de vontade, agora ela o é à sua falha que vem assombrar o próprio objeto. Poderia, portanto, tomar emprestado o título de um dos seminários de Lacan, *De um Outro ao outro*, para indexar essa mudança de amarração da angústia.

Os séculos conheceram uma angústia atrelada a um Outro consistente, o Deus da palavra que dizia sua vontade.

---

[8]HEIDEGGER, M. (1927). *Ser e tempo,* v. 1, op. cit., p. 252.
[9]Em francês, *troumatisme*. Colette Soler evoca esse neologismo lacaniano no qual há uma condensação das palavras *traumatisme* [traumatismo] e *trou* [furo], amalgamando, em uma palavra, o furo na linguagem associando-o ao trauma (NT).

Esse Outro não existe mais, isso não é novidade, porque o discurso que o sustentava mudou. A ciência, como disse, não está aí à toa. A angústia do homem de hoje — um hoje que começa a durar, aliás, quer digamos que ele é moderno, pós ou neomoderno — é a angústia do homem que perdeu o Deus da palavra, ou quem sabe que esse Outro não existe. Resta o Outro da linguagem, obviamente, o que deixa todas as chances para o sujeito suposto saber da transferência.

Essa historicidade do afeto de angústia, com suas flutuações históricas, já nos indica que, por estar na origem da subjetividade como estigma do trauma sexual, a angústia, contudo, não deixa de estar passível a um possível tratamento por meio do discurso. Isso deixa todas as chances da análise a seu tratamento pelo discurso e também levanta a questão de saber o que o discurso atual, tão trabalhado pela globalização do capitalismo, faz com isso.

A angústia do proletário generalizado

De maneira geral, podemos dizer que os estados dos sujeitos, quer os chamemos de estados de humor, estados de satisfação ou insatisfação, são duplamente articulados: por um lado, com o estado dos laços sociais, o que geralmente é chamado de sociedade e que Lacan formalizou com a estrutura do discurso; por outro, com o inconsciente singular do sujeito, que o novo discurso da psicanálise evidencia a partir de Freud.

A doença de humor do capitalismo

No que diz respeito ao discurso social, Lacan lembrou-se mais uma vez de Marx, o qual havia emprestado da Antiguidade sua definição de proletário: aquele que se reduz a seu corpo, e Marx acrescenta: nas relações de produção. Lacan generaliza a definição disso: aquele que não tem "nada para fazer laço social"[10], uma vez que o corpo não é aí suficiente. O capitalismo não é tanto o regime da exploração do proletário em sua diferença para com o capitalista explorador quanto o regime da produção daquilo que chamo de "proletário generalizado", ao qual ele não propõe outros laços além daqueles que manterá, seja qual for seu lugar social, com os objetos de produção/consumo, aqueles que Lacan chama de mais-de-gozar [*plus-de-jouir*].

Ora, não há laço social sem as produções do simbólico, aquilo que chamamos de semblantes, pois a própria realidade é estruturada pela linguagem. O capitalismo, como tal, os substituiu pelos objetos de sua produção. Fala-se muito da ascensão da depressão em nossa época, mas a verdadeira doença do humor do capitalismo é a angústia, cuja ascensão da civilização se seguiu desde Kierkegaard, e até mesmo desde Pascal, a do capitalismo científico, como acabei de mencionar. Ademais, isso é lógico, pois a angústia é o afeto da "destituição subjetiva", afeto esse que surge quando o sujeito se percebe como objeto. No entanto, o capitalismo científico, com seus efeitos técnicos, destitui os sujeitos de maneira muito mais radical do que a análise: ele usa e abusa deles como instrumento. Se hoje fazemos se trata mais da depressão generalizada do que angústia, é, creio eu, simplesmente porque o sujeito deprimido se afasta mais da máquina produtiva e custa mais caro do que a angústia, a qual, por sua vez, pode até mesmo ser estimulante.

A angústia está hoje renomeada: estresse, pressão, ataque de pânico etc., mas isso não muda nada. Esse afeto

---

[10]LACAN, J. (1974). La troisième. In: *Lettres de l'École freudienne*, n. XVI, nov. 1975.

não prevalece apenas porque o universo capitalista é duro. Houve épocas muito mais duras em nossa história ocidental, mas não há horror que um discurso consistente não permita superar[11]. Prova disso são os fundamentalismos atuais. O capitalismo não é apenas duro, ele está em déficit em outro ponto, ele destrói aquilo que Pierre Bourdieu chamava de capital simbólico. Ele não se reduz ao estoque dos saberes transmitidos, saberes esses que são as armas, os instrumentos do sucesso social; o capital simbólico inclui aquilo que chamamos de valores estéticos, morais e religiosos que permitem dar um sentido às tribulações e que, portanto, permitem suportá-las. Bourdieu denunciava sua distribuição desigual de acordo com as classes sociais. Ele tinha razão, mas o fenômeno vai além, creio eu, da diferenciação entre as classes. Ao reler qualquer grande obra literária século XIX ou início XX, percebe-se o déficit que nos caracteriza. Stefan Zweig é um desses em que isso é mais legível, e não é indiferente que ele não tenha suportado as evoluções, na verdade, dramáticas, de seu tempo.

Desligamento

De fato, tal como Lacan tentou dar um matema dele, esse discurso capitalista não implica nenhum laço entre parceiros humanos. Todos os outros discursos definem um laço social específico, todos escrevem um par de parceiros: o de mestre e escravo no discurso do mestre; do sujeito barrado — o histérico — e de tudo aquilo que venha encarnar o significante mestre no discurso do histérico; daqueles que detêm o saber e daqueles que são os objetos a serem formados pelo

---

[11] Ver SOLER, C. *L'époque des traumatismes*. Roma: Biblink Editori, maio de 2005 (edição bilíngue francês/inglês).

saber no discurso da Universidade; por fim, o par do analista e do analisando no discurso do analista. O discurso do capitalista não escreve nada assim, mas apenas a relação de cada sujeito com os objetos a serem produzidos e consumidos. Nesse sentido, aliás, ele realiza justamente uma forma de fantasia: o laço direto do sujeito com um objeto *a*, exceto que esse objeto é condicionado coletivamente por toda a economia. É surpreendente que hoje achemos legítimo, normal, que cada um seja animado pelo gosto do lucro, da acumulação, e até temos orgulho disso. Vejam o famoso par de vencedores e perdedores. A *Times Magazine* apresenta toda cada semana um pequeno box em que *winners* e *losers* são colocados lado a lado com suas fotos, dois rostos sorridentes e iguais em sua vacuidade. A combatividade, a rivalidade, o sucesso e a riqueza se tornaram valores do discurso comum cotidiano, ao passo que durante séculos eles atuaram, certamente, mas encobertos por outros valores mais elevados, menos cínicos, cuja lista seria longa: a Pátria, o serviço a Deus, a honra, a virtude etc.

Era premonitório, portanto, da parte de Lacan escrever essa estrutura do discurso em 1970, numa época em que ainda era possível continuar a pensar que o capitalismo era uma variante do discurso do mestre no qual o par capitalista e proletário foi substituído pelo do senhor e escravo da antiguidade, e que assim estávamos lidando com um laço social renovado entre o corpo dos capitalistas e o corpo dos proletários. É exatamente isso que a ideia da luta de classes dizia, com aquilo que a noção de classe compreende de comunidade de interesses. Lembramos do *slogan* "Proletários de todos os países, uni-vos!" para uma revolução que constituiria o novo homem. À comunidade de interesses acrescentava-se a dos valores da solidariedade de classe, da dedicação

A ANGÚSTIA TOMADA PELO DISCURSO

interna, com o que isso implicava de riqueza da rede das relações humanas. Ora, desde 1970, Lacan propôs que o discurso capitalista, ao contrário, desfazia o laço social, desfazia todas as solidariedades e deixava cada um frente a frente com os objetos mais-de-gozar. Um homem novo, talvez, mas de uma forma bastante inesperada. Quarenta anos depois, onde estamos? Aquilo que Lacan dizia nos anos 1970 se tornou uma grande obviedade. É isso que chamei de regime de *narcinismo* [*narcynisme*], condensando entre narcisismo [*narcissisme*] e cinismo [*cynisme*], para dizer um estado de sociedade em que, na falta de grandes causas que transcendem o indivíduo, na falta de solidariedade de classe, cada um não tem mais causa possível a não ser si próprio. E, de fato, um grande clamor se ergue em toda parte para lamentar os males do capitalismo: precariedade generalizada não apenas do trabalho, mas também dos laços do amor, da amizade e da família, com o não sentido [*non-sens*], e a solidão que deixa os sujeitos, por assim dizer... perturbados. Sinal de um tempo.

5

A angústia tomada pelo real

A questão do real atravessa todo o ensino de Lacan. E logicamente, já que, para os seres de fala que somos, a questão de saber se a vida é um sonho pôde ter sido colocada. Ele primeiramente o definiu no modelo da lógica pelos limites da escrita, do impossível de se escrever "que faz função de real" no simbólico. Esse real é aquilo que é "próprio" ao inconsciente, que pode ser considerado real na linguagem. Mas essa não é a última palavra. Há o real que "se acrescenta" ao simbólico, que talvez o preceda, o qual Lacan inscreve na estrutura de seu nó borromeano a partir de 1973, e que é identificável com o campo do vivente fora do simbólico, o qual nada deve à linguagem.

Uma angústia pouco freudiana

Podemos, pois, abrir o capítulo dos afetos do real após o dos afetos referidos ao Outro ou gerados pelos discursos. A angústia ocupa o primeiro lugar aí, como "afeto típico de qualquer advento de real"[1]. Essa nova definição de angústia

[1] LACAN, J. (1974). La troisième, op. cit.

vai muito além daquelas dadas no seminário *A angústia*, as quais, todas, se referiam ao objeto. No entanto, ela não as anula, mas, antes, as generaliza.

Esse "todo advento" de real convida a identificar as maneiras pelas quais esse real fora do simbólico se manifesta. Com essa fórmula, estamos além das definições freudianas que tornam a angústia, essencialmente, o afeto do temor da castração, de qualquer forma que Freud formula esta última: perda do órgão de união com a mãe, ou perda do objeto de amor na mulher. Para o falante, a falta é certamente real, ela falta real-mente [*réelle-ment*], mas o real, substantivo, é antes a "falta da falta". Lacan havia usado essa expressão em *A angústia*, ele a retoma em 1976 em seu "Prefácio à edição inglesa do *Seminário 11*", dizendo: o real, "falta da falta"[2].

De certa forma, o próprio Freud havia lançado as bases para essa generalização em 1926, quando definira a angústia real como o afeto produzido pela aflição (insuficiência de recursos do sujeito) diante de um perigo real. O perigo em questão, que causa o trauma na origem da neurose, é precisamente a excitação sexual ou, mais propriamente, o corporal, e Freud definiu suas ocorrências. Mas, para ampliar a noção de trauma e dar uma teoria unitária dos traumas do sexo e daqueles gerados pela civilização da ciência — para Freud, os primeiros acidentes ferroviários, as chamadas neuroses de guerra — basta concluir a paleta daquilo que ele chamava de perigo real.

Essa generalização se impôs para Lacan. Se, por exemplo, a angústia é "o desconhecido como vivenciado", é necessário reconhecer que o objeto *a* não é o único a ser

---

[2]LACAN, J. (1976). Prefácio à edição inglesa do *Seminário 11*. In: *Outros escritos*, op. cit., p. 569.

desconhecido. Ele é apenas o desconhecido do Outro barrado, mas o real fora do simbólico, que não fala, não tem Outro, facticidade fora de sentido do vivente. Ele se manifesta em conjunturas variadas, emergências de gozo fora de sentido que ultrapassam o sujeito até os efeitos desse novo discurso que foraclui o sujeito, que é a ciência. Não se trata do mesmo registro. Assim, a angústia, afeto detector que responde a cada advento de real, é patentemente uma "sensação de ser reduzido a seu corpo", destituição subjetiva, na vida sexual com a qual a psicanálise eletivamente tem que lidar, mas também nos avatares da civilização. Guardo na memória, como muitos outros, sem dúvida, a famosa imagem de aflição da menina japonesa durante a última guerra, mas também da pequena colombiana[3], sozinha e desesperada em um promontório que a corrente de lama, que avança inexoravelmente, vai engolir.

Lacan inscreve essas angústias do real em seu nó borromeano quando, em 1974, em "A terceira", ele tenta traduzir em termos borromeanos a tríade freudiana *Inibição, sintoma e angústia*, à qual ele já havia dado tanta importância em *A angústia*.

Vemos que, por ser fora de sentido, elas não estão, contudo, fora do corpo. Seu real, no entanto, mostra "a antinomia com qualquer verossimilhança"[4] quando ele impõe sua ameaça ao corpo de um falante. A expressão indica justamente que ele nada deve à verdade do sujeito, aquela que buscamos em nossa biografia, nas histórias de vida, aquela

---

[3]Em 1985 a cidade de Armero, na Colômbia, foi soterrada pela lama devido a um vulcão em erupção. A colombiana Omarya Sánchez, de 13 anos, coberta de lama e destroços até a altura do pescoço e, apesar do esforço das equipes de resgate, não resistiu (NT).
[4]LACAN, J. (1976). Prefácio à edição inglesa do *Seminário 11*. In: *Outros escritos*, op. cit., p. 569.

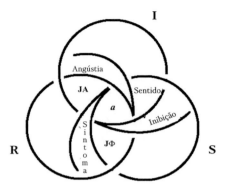

também que acompanhamos em uma análise. Essa verdade é significada em todos os ditos do analisando que seu relacionamento com o Outro explora e que descobre, no fundo, o sentido único da fantasia com a qual ele se relaciona com esse Outro e com aqueles que o encarnam para ele, como o significado central e estável que regula suas relações com o mundo. Essa constante fantasmática raramente é agradável, mais frequentemente parente da dor, mas ela também não deixa de satisfazer, veiculando aquilo que Lacan escreve *joui-sens*, gozo de sentido.

O real fora do simbólico, por sua vez, não se manifesta como *sens-joui* [sentido-gozado], mas como efeito de angústia ou sintoma. O sintoma "evento de corpo" é um "advento" de real na forma específica de um gozo que exclui o sentido. Não se trata daquele gozo que é possível imaginar ser aquilo que é peculiar ao organismo vivo, mas de um gozo já desnaturalizado — ou seja, marcado, fixado pela própria *materialidade*[5] fora de sentido de *lalíngua* e

---

[5]Neologismo de Lacan criado a partir dos vocábulos *mot* (palavra) e *matérialité* (materialidade) (NT).

que, obviamente, afeta. Todos os gozos do falasser são desnaturalizados pela operação da linguagem, mas nem todos são fora do simbólico. O gozo do sentido ou o gozo fálico, vinculado ao poder das palavras, abordáveis analiticamente falando por meio da decifração, não estão fora do simbólico. Pelo contrário, o gozo do sintoma se manifesta como um gozo "opaco por excluir o sentido"[6] resultante dos efeitos de *lalíngua* no corpo substância. No sintoma, dois fora de sentido se encontram, de fato: o da substância gozante e o de *lalíngua*. A linguagem cujas cadeias têm um efeito de significado procede do simbólico. Esse não é o caso de *lalíngua*, que é, antes, real, composta por uma multiplicidade de elementos que não veiculam nenhum sentido em particular, que são apenas a condição não suficiente do sentido, cada um podendo receber uma pluralidade de sentidos em função das construções da linguagem.

Disse sintoma. Noto, no entanto, que mesmo na psicanálise, somos quase os únicos ainda falando sobre sintoma, pois, no mundo anglo-saxão, agora se diz *disorder, obsessional disorder, post-traumatic desorder* etc. Nós guardamos o "sintoma", e o sintoma, por definição, é um sinal [*signe*]. Mas sinal de quê?

A concepção do sintoma não parou de evoluir no ensino de Lacan e, ao final, ele postula que não há sujeito sem sintoma, o que implica que o sintoma, longe de ser simplesmente um distúrbio [*désordre*], uma perturbação, é também uma solução. Digamos, sem paradoxo, que cada um é adaptado por seu sintoma. Adaptado a quê? Não às normas do discurso, pois, com relação a elas, ele aparece, antes, uma

---

[6]LACAN, J. (1975). Joyce, o Sintoma. In: *Outros escritos*, op. cit., p. 566.

desordem objetora individual das regulações do discurso. Mas ele é adaptado a um dado estrutural que resulta do inconsciente, que vem à luz na própria análise, que Lacan chamou de real próprio ao inconsciente e que é formulado: "Não há relação sexual". Isso mostra que, na estrutura da linguagem, o sexo não se inscreve sob nenhum signo que permitiria unir um e outro gozo, que, portanto, a linguagem é imprópria ao Eros da fusão com a qual Freud sonhava. Mas, ao não inscrever o Outro sexo, há o sintoma, aquilo que o inconsciente inventa e, além disso, a espécie humana, para fazer suplência à relação que falta e para se perpetuar; é uma formação mista na qual o elemento verbal do inconsciente (cadeia de significante ou letra Una) se conjuga com o elemento substância gozante.

A angústia, sexuada

Clínica diferencial

Passo, portanto, à coisa sexual. Ela tem suas variantes e uma clínica diferencial da angústia se impõe.

Conhecemos os antecedentes freudianos: a angústia é angústia de castração, concebida como uma ameaça ao órgão e, portanto, ela falta às mulheres. Falta que acarreta outra, a do Supereu civilizador, o qual deriva, segundo Freud, da angústia de castração. Freud decerto corrigiu em 1926. O temor de perder o amor, o amor do homem que carrega o órgão, é, na mulher, homólogo da angústia de castração no homem. Ainda assim, a primeira tese permanece.

Para Lacan, o seminário *A angústia* apresenta um interessante pequeno enigma a esse respeito. Falei sobre o caso de Kierkegaard; ora, ele, ao introduzir uma espécie de aritmética sexuada, afirma que as mulheres são mais angustiadas que os homens. Lacan se questiona, mas não conclui. Suspense.

Ele o faz apenas no final do seminário, tendo finalmente encontrado motivos para dar razão a Kierkegaard.

As mulheres não são lagartos

De fato, "a angústia não sem objeto" não permitia distinguir homem e mulher. A expressão não diz que o objeto seja a causa da angústia, a propósito. Como parte de vida subtraída sob o efeito da linguagem e sem recorrer ao pai, ele é a causa do desejo, equivalente ao quantum invisível de empuxo que constitui o desejo e angústia apenas em conjunturas específicas. E isso é para todos os falantes.

Além disso, o seminário dedica muito espaço à angústia no corpo a corpo sexual. Lacan sempre disse que o desejo e a castração que condicionam o ato eram para o homem, não para a mulher. No seminário, ele persiste com fragmentos, afirmando que, no nível de seu gozo, à mulher não falta nada, e mais ainda, que em matéria de gozo ela tem superioridade sobre o homem, pois é mais livre em relação a seu desejo. Estamos aí no nível do gozo em jogo no ato sexual, não no nível do sujeito. E ele evoca *Terra devastada*, de T.S. Eliot, e o provérbio que enumera as três coisas que não deixam rastros, entre as quais o homem na mulher. Menos de angústia, então?

Como Lacan acabou se juntando a Kierkegaard? Ao destaca, obviamente, além daquilo que é o objeto, a função que ele exerce na relação sexual, e que ele desenvolve apenas no final do seminário. O seminário primeiro indicou inicialmente que esse objeto inapreensível, essa primeira subtração que tem precedência sobre o próprio sujeito, pode ser especificada, identificada por meio das partes do corpo que o significante destaca: o oral, o anal, escópico, o invocante. O objeto é, portanto, colocado no plural por essas "quatro substâncias episódicas"[7] que de fato determinam formas especificadas de desejo e que se pode dizer que interpretam a barra no Outro no vocabulário corporal ou a-corporal da pulsão.

Ora, no final do seminário, Lacan introduz algo com relação a essas guisas do objeto: seu possível uso em relação à angústia. Isso cabe em uma palavra. Até então, ele falou em queda, corte, perda do objeto. No penúltimo capítulo, ele evoca a "cessão" do objeto. Trata-se de algo totalmente diferente, é sua colocação em jogo na intersexualidade a serviço dessa função de separação introduzida em *Os quatro conceitos fundamentais da psicanálise*. Por essa razão, falei por extensão de um afeto de separação, separação com relação à vacilação significante do ser entre sentido e não sentido fundamental do significante. A cessão do objeto não designa um efeito de estrutura, mas um possível uso, uma manobra que permite responder à angústia: na abordagem angustiante do desejo do Outro, um objeto pode ser cedido. E Lacan deixa claro que o momento de angústia precede a cessão. Ela responde ao momento traumático em que o campo do Outro revela sua hiância, com a angústia de o sujeito ser reduzido ao objeto desconhecido, aniquilante. Então, os objetos identificados como pedaços de corpo podem desempenhar o "papel que se simbolizaria da melhor maneira possível pela automutilação do lagarto, por sua cauda desprendida com desolação"[8]. Em resumo, a produção *a* antecede logicamente a barra sobre o sujeito, castração primária, diz Lacan uma vez, mas a cessão a sucede para resolvê-la.

Ora, na relação sexuada, é o órgão fálico que desempenha o papel do objeto *a*, e Lacan atribui à sua detumescência,

---

[7] LACAN, J. (1974). Nota italiana. In: *Outros escritos*, op. cit., p. 314.
[8] LACAN, J. (1964). Do *Trieb* de Freud e do desejo do psicanalista. In: *Escritos*, op. cit., p. 867.

tão importante na experiência subjetiva, como Freud observara, uma função separadora para com o Outro, homóloga à da cessão dos objetos pulsionais e que interrompe, de fato, o avanço do desejo em direção ao enigmático gozo do Outro. Lacan faz aí uma espécie de reinterpretação naturalista da castração em função das características reais do órgão que manifestam a disjunção estrutural entre o desejo e o gozo, e a impossibilidade de o primeiro se unir ao segundo, porque o órgão cede. É isso que antecipa a tese da relação não sexual, estipulando que, em todo ato sexual, se repete para o homem a queda do objeto fálico em sua função de separação... muito reconfortante, enfatiza Lacan. E ele não se intimida em evocar até mesmo um "desejo de castração". É isso que ele mais tarde reformulará dizendo que se trata do sucesso do ato, não o seu fracasso, que constitui a não relação sexual dos gozos.

Mas e a mulher confrontada com o desejo do Outro? Para ela, não há objeto parcial a ceder. Ela pode, certamente, ser aliviada pela queda do órgão masculino, mas isso não depende dela. E é isso que permite Lacan fundamentar a resposta de Kierkegaard: as mulheres são mais angustiadas na relação com o sexo, por não ter nenhum outro objeto a ceder além de si mesma. A desvantagem de não ser um lagarto!

Muitos pequenos fatos se esclarecem a partir daí. E, antes de tudo, que uma mulher pode idealizar o desejo do homem, agarrar-se a ele ferozmente, mas se abster muito bem de sua realização, e até mesmo fugir resolutamente quando é realmente visada por um desejo. É que seu acesso à separação, tal como Lacan a definiu, se situa apenas no nível dos objetos pulsionais e, mais precisamente, naqueles da demanda que Lacan chama de nível pré-castrativo. No nível do desejo sexuado, o objeto da cessão permanece à mercê do parceiro. Angústia!

A isso seria sem dúvida preciso acrescentar que esse outro gozo que é dela — "louco, enigmático"[9], diz *Mais, ainda* —, que não é causado por um objeto *a* e do qual o Outro não sabe nada, é também uma visada do real. O fato de ela não sucumbir à influência da castração fazia Lacan dizer, em *A angústia*, que em matéria de gozo, a mulher tinha superioridade sobre o homem. Sim, mas isso também é eventualmente uma causa de angústia suplementar, pois esse gozo que a "ultrapassa"[10], que o identifica no fundo por não identificável, é um real que não tem nada de tranquilizador.

---

[9]LACAN, J. (1972-73). *O seminário, livro 20: Mais, ainda*, op. cit., p. 197.
[10]LACAN, J. (1972). O aturdito. In: *Outros escritos*, op. cit., p. 467.

TEORIA DOS AFETOS

6

O ser vivo afetado

Não conhecemos um afeto que não tenha seu respondente corporal e, para pensar em afeto, é preciso "passar pelo
corpo"[1]. A implicação do corpo no afeto é, com efeito,
bastante patente. Lacan evoca a descarga de adrenalina,
mas ele tem muitos outros exemplos: a bola na garganta
da angústia, o tremor das mãos, da voz na intimidação, as
pernas que tremem, o coração que dispara, as lágrimas etc.
Tantas manifestações corporais que o romance, o teatro, a
dança e eminentemente a mímica usam, justamente e para
tornar presentes as emoções e sentimentos dos sujeitos que
eles põem em cena. O afeto passa pelo corpo, certamente,
perturba suas funções, mas vem dele? É a questão de saber
quem está afetando e quem é afetado. Acredita-se prontamente que a pessoa afetada é o sujeito, pelo fato de que ela
experimenta toda a gama das paixões humanas, mas não é,
antes, o corpo vivo que sucumbe à influência do efeito da
linguagem, o qual repercute em toda a gama de satisfações e
insatisfações do sujeito?

O tema do corpo, ademais, está na moda. Dicionários e
histórias do corpo estão aí para indicar que sabemos bem

---

[1] LACAN, J. (1973). Televisão. In: *Outros escritos*, op. cit., p. 524.

hoje que o corpo não é simplesmente o organismo vivo fixado pela espécie, mas que ele já é um produto de transformação da civilização, cada qual inscrevendo sua marca diferencial no *habitus* mais íntimos e em sua significação social. Quem poderia duvidar que os corpos não se prestam à domesticação educativa, que eles são efeitos do discurso, produtos de uma arte que opera por meio das imagens e dos preceitos, propostos ou impostos? Nesse sentido, o indivíduo orgânico, que dá suporte ao sujeito falante representado pelo significante, não é, a rigor, aquilo que designamos por meio do corpo. Três termos estão em jogo aqui: o organismo vivo, que constitui o objeto da biologia e cuja psicanálise tem quase nada para conhecer, o sujeito definido por sua fala e... o corpo que ele tem, também objeto da psicanálise, uma vez que ele está sujeito aos sintomas.

O corpo é o imaginário, Lacan costumava dizer. A imagem narcísica, de fato, a qual o estádio do espelho ressaltou, presta-se à primeira das identificações na qual o falante pode se reconhecer. Além disso, a experiência mostra o quanto cada um permanece tão estranhamente enfatuado por essa imagem, que qualquer ataque a ela, por acidente muitas vezes e hoje eventualmente pelas intervenções da cirurgia estética ou reparadora, em transplantes, por exemplo, não deixa de produzir uma série de emoções e de afetos muito específicos. Isso indica suficientemente até que ponto essa imagem, longe de ser simplesmente o reflexo da forma natural, é engrossada, em cada civilização, por todas as significações e normas do discurso. Donde todas essas histórias possíveis das imagens do corpo através dos séculos. Só que a essa imagem construída pelo simbólico, modelada pelo discurso, se acrescenta ainda o corpo pulsional e sujeito aos sintomas. Esse corpo não é imaginário, ele aloja a libido e o gozo que perturbam as homeostases orgânicas, pois, para gozar, "é preciso um corpo"[2], diz Lacan. A questão toda é saber, então, o que esse corpo deve precisamente ao saber do inconsciente sobre o qual a psicanálise opera.

A hipótese lacaniana

Sabe-se quase nada se há um gozo daquilo que seria a vida em estado puro, se essa expressão tiver algum sentido, se a planta ou a árvore gozam, mas, no que diz respeito àquilo que chamei de "corpo civilizado"[3] do falante, seu gozo é marcado pela linguagem. Os fenômenos de "conversão" que Freud descobriu graças à histeria devem ser generalizados: "O corpo se corporiza de forma significativa"[4] e os gozos do falante são gozos *convertidos* à linguagem — em outras palavras, *afetados* pela cifração do inconsciente, o afetado sendo o indivíduo corporal em sua carne. Aqui se insere aquilo que Lacan designou como sua hipótese[5]. Ela postula que o significante afeta um outro que não ele próprio, o indivíduo corporal que dele é feito sujeito. Esse efeito sujeito da linguagem, destacado muito cedo como efeito de perda, é solidário de outros efeitos no real, reguladores do gozo no sintoma e que têm consequências no que diz respeito à relação sexual.

Quem afeta [*l'affectant*] primeiro é, portanto, a linguagem, e o afetado [*l'affecté*] é não apenas o corpo imaginário, como acabei de dizer, mas sua capacidade de gozar, o gozo sendo a única substância com a qual a psicanálise tem que

---

[2]LACAN, J. (1971-72). *Le séminaire "Le savoir du psychanalyste"*, inédito, lição de 04 de novembro de 1971.
[3]SOLER, C. (2009). *Lacan, o inconsciente reinventado*. Rio de Janeiro: Cia de Freud, 2012, p. 193 e seguintes.
[4]LACAN, J. (1972-73). *O seminário, livro 20: Mais, ainda*, op. cit., p. 25.
[5]*Ibid.*, p. 194.

se haver, diz Lacan. É possível falar da "substância do corpo, com a condição de que ela se defina apenas como aquilo de que se goza. Propriedade do corpo vivo, sem dúvida, mas nós não sabemos o que é estar vivo, senão apenas isto, que um corpo, isso se goza"[6]. Outra forma de dizer isso a partir de "Radiofonia": o corpo é o "lugar do Outro"[7], ele é o lugar onde o simbólico toma corpo por se incorporar aí, mas esse lugar tem como propriedade o gozo. Partindo da estrutura da linguagem do inconsciente decifrado, Lacan passou a redefinir a estrutura: é o efeito da linguagem no gozo, "linguisteria" [*linguisterie*] mais do que linguística! O efeito da linguagem está no nível da operatividade da linguagem, o *effect* primeiro segundo sua hipótese, sendo o objeto *a* a inscrever ao mesmo tempo o efeito de perda, o menos-de--gozar e o efeito de fragmentação dos mais-de-gozar que o compensam. "Afeto, só há um" e é o objeto *a*[8]. Em termos mais gerais, ele acrescentará o fato de que é *lalíngua* que "civiliza" o gozo, que, digamos, lhe dá forma, por meio das representações e suas letras.

A diferença com relação a Freud é certa. Freud, ao conceber o aparelho psíquico como um sistema de inscrições que retraduzem as marcas primeiras[9], com sua distinção entre o processo primário e secundário, apreendeu bem a eficácia da linguagem, aquilo que ele chama de vias, *Wege*, do discurso que tornam possível a passagem da repetição incoercível

---

[6]*Ibid.*, p. 35

[7]LACAN, J. (1970). Radiofonia. In: *Outros escritos*, op. cit., p. 416.

[8]LACAN, J. (1969-70). *O seminário, livro 17: O avesso da psicanálise.* Rio de Janeiro: Zahar, 1992, p. 142.

[9]Cf. FREUD, S. (1895[1950]). Projeto para uma psicologia científica. In: *Edição standard brasileira das obras psicológicas completas de Sigmund Freud*, v. I. Rio de Janeiro: Imago, edição eletrônica. E também lettre 52 à Fliess. In: *La naissance de la psychanalyse*. Paris: PUF, 1979.

O SER VIVO AFETADO

das marcas traumáticas à colocação em jogo do princípio do prazer por meio de um possível deslocamento, e é com razão que Lacan se autoriza por seu texto para tornar sua fórmula "o inconsciente estruturado como linguagem"[10] uma hipótese... freudiana. Ela confere à inscrição da linguagem uma função curativa em relação aos encontros traumáticos reais, os quais, todos, segundo Freud, concernem primariamente o corpo, como lembrei.

No entanto, procuraríamos em vão em Freud, mesmo que fosse apenas a suspeita de uma causa de linguagem no trauma, além do mecanismo de linguagem que ele abordou bem. Freud, é claro, percebeu a falta constituinte do desejo como efeito da marca de uma primeira experiência de satisfação (fim de *A interpretação dos sonhos*); ele depreendeu a noção de objeto perdido (1904), percebeu a repetição (1920), sublinhou que o trauma é relativo aos recursos do sujeito (1926), mas seria preciso mais para passar à hipótese lacaniana da linguagem que opera sobre o vivente, e depois da linguagem gozada.

Essa hipótese é formulada para dar conta dos próprios efeitos da psicanálise, é formulada como tal no seminário *Mais, ainda* em 1973, mas sua primeira parte está presente bem antes, desde o início, desde a definição do sujeito como efeito da linguagem. Ser acolhido na dimensão da fala — a *diz--mensão* [*dit-mension*], como Lacan escreve — tornar-se esse ser falante que qualquer criança se torna, exceto o pequeno autista, talvez, entrar no habitat do verbo que me precede e me envolve, ao mesmo tempo em que me pressiona com todos os seus *a priori*, não consiste apenas em adquirir o instrumento de expressão suplementar que falta aos mamíferos

---

[10]LACAN, J. (1973). Televisão. In: *Outros escritos*, op. cit., p. 522-523.

superiores. Essa entrada na linguagem é muito mais: uma saída do "natural". Natural que, aliás, apenas se imagina, se supõe ser aquilo que é peculiar ao animal, a virtude perdida da vida original, o preço pago pela humanização... desnaturalizante — que nenhuma criança lobo jamais alcança.

Cito o *bê-á-bá*: "É preciso que à necessidade [...] venha somar-se a demanda, para que o sujeito [...] faça sua entrada no real, enquanto a necessidade transforma-se em pulsão, uma vez que sua realidade se oblitera ao se tornar símbolo de uma satisfação amorosa"[11]. A entrada do sujeito no real é sua saída do Outro; fala-se dele antes mesmo de ele nascer, isso é notório, é do Outro que ele recebe os primeiros oráculos a seu respeito e, nesse sentido, *seu* inconsciente será "discurso do Outro". Mas, desde sua primeira demanda articulada, ele se retira desse espaço do Outro, onde era apenas falado e, embora sua demanda tome emprestado seus significantes desse Outro, ela tem efeito no real do pequeno ser vivo que ele é inicialmente. Efeito sobre suas necessidades originais que a marca significante da demanda, a partir do momento em que é articulada em linguagem, converte em pulsões — oral, anal etc. Assim, o sujeito suposto ao discurso do Outro vem se inserir no real, fora da cadeia do discurso do Outro.

Vemos o paradoxo desse efeito primário da passagem pelo dizer da demanda: articulada em linguagem, ela implica o sujeito como um ser originalmente social, ligado ao Outro que lhe fala e impõe suas ofertas (o inconsciente não é coletivo, mas não deixa de ter ligação com a linguagem); mas, com o mesmo movimento, transformando os ritmos cíclicos da necessidade vital, ela gera as pulsões das quais conhecemos

---

[11]LACAN, J. (1960). Observação sobre o relatório de Daniel Lagache. In: *Escritos*, op. cit., p. 661.

a dissidência, a fragmentação, as exigências inextinguíveis, muito cedo trazidas à luz por Freud. Dessa forma, fazer do ser vivo um sujeito é produzir essa perda de vida, que faz da insatisfação o componente primeiro do psiquismo, em que os empreendimentos do desejo e o insaciável do amor se abastecem infinitamente, tão frequentemente em infração às normas socializantes do Outro.

Esse foi o primeiro passo da demonstração.

A linguagem, aparelho do gozo

Em 1973, Lacan evoca novamente o efeito de linguagem: "Minha hipótese é a de que o indivíduo que é afetado pelo inconsciente é o mesmo que constitui o que chamo de sujeito de um significante"[12]. Ou ainda em "...Ou pior": "Por mim, digo que o saber afeta o corpo do ser que só se torna ser pelas palavras, isso por fragmentar seu gozo, por recortar esse corpo através delas até produzir as aparas com que faço o (*a*), a ser lido objeto pequeno *a* — ou então, abjeto [...]"[13]. É a mesma tese, aparentemente, e, no entanto, uma outra — complementar. A ênfase é deslocada do esvaziamento produzido pela linguagem para a regulação do gozo que ele deixa para o ser falante. O sujeito permanece definido como aquilo que um significante representa para um outro significante, na falta de ser, portanto, um "ente cujo ser está alhures"[14]. Mas, no contexto, o que Lacan chama de indivíduo com referência a Aristóteles é o ser corporal, que deve ser colocado na conta do ser vivo. A linguagem é o "aparelho"[15] de seu gozo como se vê no sintoma em que os elementos verbais do

[12] LACAN, J. (1972-73). *O seminário, livro 20: Mais, ainda*, op. cit., p. 194.
[13] LACAN, J. (1973). ...Ou pior. In: *Outros escritos*, op. cit. 547.
[14] LACAN, J. (1972-73). *O seminário, livro 20: Mais, ainda*, op. cit., p. 195.
[15] *Ibid.*, p. 75.

inconsciente e a substância gozante do corpo se conjugam. Já não se trata mais da função do objeto perdido da pulsão, mas da descoberta, nova, da coalescência do verbo e do gozo, em ambos os sentidos: o gozo do corpo pelo efeito do simbólico no real do ser vivo, mas também gozo do próprio verbo[16]. Daí o termo *"falasser"* [*parlêtre*], que Lacan acaba substituindo por "sujeito" para dizer que o operador linguagem, por meio da fala, toca na substância gozante não apenas para negativá-la, mas também para regulá-la, e até mesmo para positivá-la de outra maneira. Daí também um deslocamento do simbólico para o real da própria definição do inconsciente e a promoção do inconsciente real, o qual ressaltei, inconsciente esse que escrevo agora com letras maiúsculas, ICSR para inscrever sua *materialidade* fora de sentido na grafia, que se define não somente por sua *materialidade*, mas ainda por uma *materialidade* fora de sentido por influência direta de *lalíngua* sobre o real.

Lacan diz inicialmente: o inconsciente estruturado *como* uma linguagem, e não *pela* [*par le*] linguagem em geral. Ele explicitou suficientemente sua definição de linguagem: um conjunto de elementos discretos, combináveis e substituíveis, sejam eles de natureza linguística ou não. "O significante, em si mesmo, não é nada de definível senão como uma diferença para com outro significante"[17]. Nesse sentido, as marcas mnemônicas das primeiras experiências corporais, esses traços unários de gozo, os quais Freud enfatizou a importância em sua definição do traumatismo, podem ser considerados significantes. Ora, a partir do momento em que há marca, há perda, entropia — a tese é freudiana,

---

[16]Ver p. 148 e seguintes da seção intitulada "O enigma do saber".
[17]LACAN, J. (1972-73). *O seminário, livro 20: Mais, ainda*, op. cit., p. 194.

O SER VIVO AFETADO

legível desde *A interpretação dos sonhos*, como lembrei[18] —, perda e também fragmentação.

Por que essas coisas vistas, ouvidas, sentidas, causam o traumatismo que Freud constata sem poder explicar de outra forma senão convocando sua inconciliabilidade com as proibições e os ideais, ao passo que a experiência atesta que ele sobrevive a todas as permissividades do discurso? Não é apenas que sua excitação exceda o sujeito, como observava Freud, nem sequer que nada anunciasse isso no discurso, é que seus traços unários não inscrevem nada do sexo, são já gozo do Um sozinho, a-sexuado, pouco vinculante, gozo "que não se deveria"[19] para dar aos laços do desejo e às aspirações do amor seu verdadeiro respondente. "*Troumatismo*", diz Lacan — em outras palavras, foraclusão de sexo que não se inscreve sob nenhum signo no inconsciente, o qual conhece apenas o Um. O gozo vivo estando perdido, permanece, do gozo afetado pela linguagem, parcial e fragmentado, que é possível justamente se dizer, a esse respeito, gozo castrado. Convertido para a linguagem do inconsciente, ele não pode ser separado dos elementos em que se inscreveu. Ele tem, a partir daí, a mesma estrutura que o significante, que os uns do inconsciente, os quais não fazem relação com o dois do sexo Outro.

Mas mais ainda: o gozo passa ao significante que ele investiu. Eis uma grande novidade do seminário *Mais, ainda*, explicitada em 1975 em "R. S. I.": a noção de um "gozar do inconsciente" que se soma ao inconsciente inscrito no real que age sobre o ser vivo. A linguagem operadora que afeta o

---

[18]Freud, S. ([1899]1900). A interpretação dos sonhos. In: *Edição standard brasileira das obras psicológicas completas de Sigmund Freud*, v. V. Rio de Janeiro: Imago, edição eletrônica.

[19]LACAN, J. (1972-73). *O seminário, livro 20: Mais, ainda*, op. cit., p. 81.

ser vivo e a linguagem aparelho do gozo não é a mesma função. Reconhecer o efeito de linguagem sobre o gozo, o que Lacan fez muito cedo, não punha em questão a heterogeneidade das duas dimensões da linguagem e do gozo. Pelo contrário, que *lalíngua* seja aparelho de condução do gozo e o inconsciente, um saber que se goza introduz sua homologação.

O inconsciente linguagem é um inconsciente gozo. Em razão da substituibilidade, todo significante, todo elemento, pode servir como uma mensagem cifrada e, consequentemente, ser feito de objeto, extraído do "um entre outros" da única diferença a ser elevada ao *status* de Um pelo gozo que ele condensa, que esse Um se chame signo ou letra. "Com efeito, é pelo fato de todo significante, desde o fonema até a frase, poder servir de mensagem cifrada (pessoal, dizia o rádio durante a guerra) que ele se destaca como objeto, e que descobrimos ser ele que faz com que no mundo, no mundo do ser falante, há o Um, isto é, o elemento, o στοχειον do grego"[20].

Creio ser útil ordenar o uso dos termos "satisfação" e "gozo". Já indiquei isso: na hipótese de Lacan, a questão do afeto se coloca entre três termos: o fato de ser falante — digamos: a linguagem —, o corpo e o sujeito. A linguagem é quem afeta [*l'affectant*] que passa para o real, agindo sobre o gozo do corpo que ela afeta. O sujeito produzido como efeito é, por sua vez, afetado pelo *status* desse gozo. A pessoa afetada, portanto, se desdobra entre o gozo afetado pelo significante, essa seria uma possível definição do sintoma, e um sujeito afetado correlativamente no eixo satisfação-insatisfação. Um sujeito, como tal, não tem nada a ver com o gozo, diz Lacan, mas, devido ao gozar do inconsciente, ele próprio é afetado por uma "outra satisfação", diferente daquela de

---

[20]LACAN, J. (1973). Televisão. In: *Outros escritos*, op. cit., p. 515.

O SER VIVO AFETADO

suas necessidades, ligada àquilo que é dito e não dito, como se, por uma espécie de capilaridade, o gozo ferido se vingasse, insinuando-se no espaço do verbo.

Isso equivale dizer que o gozo está em toda parte. Não apenas do lado dos "acontecimentos de corpo" que são os sintomas, mas do lado do falante. "O inconsciente, não é que o ser pense [...], é que o ser, falando, goze"[21]. Acrescento: seja no estado de vigília ou nos sonhos. Quem poderia duvidar que a palavra, não apenas a palavra recebida, mas a palavra enunciada, que "aquilo que é dito e não dito" tenha efeitos de humor, bom ou ruim? Quem não experimentou o prazer produzido pela emergência de tal palavra, por uma fórmula finalmente encontrada ou pelo humor sombrio projetado no dia por um sonho? Falar é um gozo, sem sequer evocar os efeitos dos afetos do dizer da poesia, conhecidos há muito tempo.

O gozo é, portanto, essencialmente do corpo, a satisfação e a insatisfação são do sujeito e respondem ao *status* do gozo. No entanto, eles não são simétricos. Pode-se dizer que a insatisfação é o constituinte primário do psiquismo, pois ela está ligada à incidência negativante da linguagem que introduz a falta sob a forma tripla de falta a ser, falta em gozar e falta em saber. Muitos afetos respondem a essa tripla falta, a começar pela impotência. Por outro lado, essa "outra satisfação" diferente daquela que procederia da necessidade, introduzida por Lacan em *Mais, ainda*, é a que responde no sujeito ao gozo "que se baseia na linguagem"[22], ao gozo passado à linguagem, ao inconsciente — os termos são sinônimos aqui

[21]LACAN, J. (1972-73). *O seminário, livro 20: Mais, ainda*, op. cit., p. 143.
[22]*Ibid.*, p. 71.

—, a uma *moterialidade* que se tornou objeto de gozo naquilo que se enuncia. Satisfação do blablá, portanto, do falatório, que lança uma nova luz sobre a associação livre...

Quanto ao sintoma em si, ele é uma formação mista: por ser uma epifania substancial, ele não deixa de ser, no entanto, gozo dos elementos unários que o veiculam. Gozo de uma letra do inconsciente, diria "R. S. I.", $J(x)$. Assim, o brilho no nariz da senhora que, no caso de Freud, é condição da atração erótica e que, portanto, eleva a senhora em questão ao *status* de objeto. Traço de perversão, se quisermos, exceto que esse tipo de traço nunca falta, esse brilho não é apenas uma condição sexual, ele próprio é um elemento gozado de *lalíngua*, que não deixa de ter relação com o bilinguismo do paciente e com a ambiguidade que ele manejou entre *Glanz* ("brilhante", em alemão) e *to glance* ("olhar", em inglês) para... a satisfação do sujeito.

Não se trata, portanto, de opor fala e gozo e de imaginar que alguém possa, ao falar, reduzir o gozo em prol apenas do desejo; deslocá-lo, sim, fixá-lo, não menos — mudar sua economia, portanto —, mas reduzi-lo, não. Salvo que, contudo, é possível opor gozo do sentido — *joui-sens*, diz Lacan — e gozo fora de sentido, real, portanto, se o real se definir por ser fora do simbólico. O primeiro é bem do sujeito, só há sentido para um sujeito, ao passo que o segundo é do corpo. Embora... Há Joyce que dá testemunho, com *Finnegans Wake*, do acesso de um sujeito ao gozo de *lalíngua* fora de sentido ou, se quisermos, ao sentido reduzido à *diz-mensão* do enigma[23]. Tampouco há meio, se o pensamento é gozo, de opor os aparelhos do conhecimento supostamente objetivo

---

[23]Cf. SOLER, C. (2002). *L'aventure littéraire, ou la psychose inspirée. Rousseau, Joyce, Pessoa*. Paris: Éditions du Champ Lacanien, 2002.

e aqueles do desejo ou do gozo próprios de cada um, como fez Anna Freud. A linguagem, aparelho do gozo, é o postulado anticognitivista por excelência da psicanálise. E ele também é o fundamento da antifilosofia que Lacan chamou de anseio [*vœux*][24].

Assim, Lacan, ao se esforçar em repensar aquilo que Freud chamava de pulsão, energia psíquica e afetos, a partir da linguagem operadora, passou a ampliar seu campo, bem longe de minimizá-lo.

[24]Ver p. 148 e seguintes, a seção intitulada "O enigma do saber".

Não sem o discurso

É isso justamente o que permitiria escrever um novo *Tratado sobre as paixões*, como se dizia outrora, na época de São Tomás, Descartes, EEspinoza e alguns outros.

Ao efeito de linguagem pode-se imputar a "maldição sobre o sexo", que os infortúnios do amor constituem desde sempre, mas dos quais apenas a psicanálise revela o fundamento estrutural. O efeito de linguagem é estrutural, não contingente portanto, ele define o *status* do gozo do falasser como tal. O negativo da perda e da fragmentação é aí a contrapartida de um universal. Sem dúvida, era isso que Freud visava com o termo "castração" e que Lacan ressaltou ao dissociá-lo de um "complexo de castração".

Quanto à outra satisfação que responde ao inconsciente gozado que evocava, ela se conjuga com o *jouis-sens* [gozo-sentido], e este, obviamente, é uma função da história: ao mesmo tempo da *historinha* peculiar a cada sujeito e da História, com letra maiúscula.

Por isso, se constatamos que os afetos de um sujeito são, antes, particulares, tanto quanto o é esse corpo que ele tem e esse inconsciente que o distingue, não constatamos menos que há tipos de sintomas compartilhados que fazem bastante pelas simpatias, e também afetos o que qualificaria como

NÃO SEM O DISCURSO

quase-padrão, nos quais cada um se reconhece o suficiente para ser empático. Além disso, a história de nossa Antiguidade, a possibilidade que temos de ler ainda seus autores e de ser tocados por suas narrativas, as comoções de nossos alunos diante das façanhas de Ulisses, Aquiles e Pátroclo, advogam em favor de uma espécie de trans-historicidade das "paixões humanas"?

É porque, ao efeito de linguagem, acrescentam-se os efeitos coletivos daquilo que Freud chamava de civilização, e que Lacan rebatizou com o termo "discurso" para marcar que a estrutura da linguagem não está menos inscrita em nossa realidade social que no inconsciente, que ela nele ordena os laços sociais, que ela preside, em cada época, a economia dos corpos, as regulações das relações interpessoais e, consequentemente, a configuração dos afetos dominantes em uma determinada época.

Sem dúvida, há afetos do face a face com o semelhante que parecem relativamente autônomas, todos esses afetos do imaginário, portanto, que vão da piedade à execração, que presidem as fidelidades das amizades assim como as guerras fratricidas e que atravessam os séculos — pelo menos aqueles engendrados em nosso mundo atual. Ao "conhecimento paranoico" que Lacan havia tomado emprestado de Dalí, que sabia algo a respeito, seria preciso acrescentar a paleta de *afetos paranoicos* peculiares à relação especular, a menos que isso já seja conhecimento por meio do afeto. Não é por acaso se Rousseau — um "paranoico de gênio"[1], diz Lacan — faz da piedade o primeiro de todos os afetos.

Contudo, o próprio imaginário não escapa da historicidade, pois está sempre enodado ao simbólico. Daí, aliás, essas

---

[1] LACAN, J. (1980). *Da psicose paranoica em suas relações com a personalidade*. Rio de Janeiro: Forense Universitária, 1987, p. 293.

ilusões da empatia que, ao permitirem se identificar, nos fazem, por exemplo, confundir o patetismo de nossa época com o que fora o trágico grego, tão pungentes um quanto o outro, no entanto, demasiado estranhos um ao outro. Daí, inversamente, os debates entre gerações que atestam a historicidade dos afetos, os antigos não se reconhecendo mais na experiência vivida de seus descendentes, e vice-versa. Daí, enfim, e de modo mais geral, a questão de saber se há outros afetos realmente trans-históricos além daqueles ligados ao efeito sujeito como falta a ser. No momento em que estava desenvolvendo esse aspecto da estrutura, Lacan favoreceu as três grandes paixões do ser: o amor, o ódio e a ignorância. Ele os tomou emprestado fora de nossa tradição, do budismo, o que combina com a ideia de um universal de estrutura que não flutua com a história.

8
Não sem a ética

De fato, Lacan escreveu, sem formular dessa forma, uma espécie de "Questão preliminar a todo tratamento possível..." dos afetos, depois daquele sobre a psicose. Ele o fez antes de tudo com relação ao mais universal de todos, a angústia, da qual ele trouxe à luz as conjunturas estruturais. Ele reconheceu nela o afeto do real. O real aqui em duplo sentido, primeiro como o furo do impossível que constitui o real do simbólico, e como real fora do simbólico que pode se presentificar. Daí a fórmula tardia de Lacan que citei, ao dizer que a angústia é o afeto típico de todo advento de real. Vemos isso, trata-se de dizer a que o afeto responde, e o desafio é obviamente prático, pois se o afeto é efeito, ele só pode ser tratado por aquilo que o determina, toda a questão sendo saber até onde.

Com relação às condições do afeto, Lacan não avança sozinho. No entanto, sua tese parece original, e até mesmo única no século. Fala-se do século XX como o século da linguagem. Lacan pertence bem a esse século, mas é o único a fazer da linguagem um operador. Com relação aos outros, eles podem ser colocados mais naquilo que foi chamado de *the mind body problem*[1], que convoca o corpo, certamente,

---

[1]Trata-se de um debate sobre a relação entre pensamento e consciência na mente humana e o cérebro como parte do corpo físico. O problema

mas no sentido do organismo e, para fazer dele, antes, a causa da linguagem. Pensem em Chomsky que, para surpresa de Lacan, vê na linguagem não um operador, mas uma ferramenta de que dispomos como meio de comunicação.

Ele está sozinho também na psicanálise. Particularmente a psicanálise inglesa. Lacan foi capaz de qualificar os psicanalistas ingleses como filósofos. Isso não é um elogio, mas ele explica a qualificação: filósofo, pois nada pode lhes dar uma ideia de que a linguagem tem efeitos, longe de se reduzir a um meio de expressão. Portanto, é possível dizer que Lacan está quase sozinho em seu século sobre essa questão da operatividade da linguagem que afeta o indivíduo vivo que faz dela sujeito.

Sozinho em seu século, mas não completamente sozinho na história. Ele toma o cuidado de indicar isso em "Televisão". Contra os médicos e psicólogos que critica de maneira desdenhosa, ele se autoriza, por assim dizer, de Platão e São Tomás, lembrando que, para ordenar as "paixões da alma", eles tiveram que implicar "esse corpo [que ele diz] só ser afetado pela estrutura"[2]. Não que eles tenham compartilhado a hipótese lacaniana, é claro, mas porque, para ordenar as ditas paixões da alma, eles não puderam fazer nada além do que se referir ao corpo.

Esse apelo a referências distantes é, creio eu, de grande alcance. Não é a primeira vez que Lacan dá esse salto em direção à origem de nossa civilização e, pela mesma razão aparentemente. Ele já o fizera com o amor de transferência,

---

foi abordado por René Descartes no século XVII, resultando no dualismo cartesiano, e por filósofos pré-aristotélicos, na filosofia avicena, e em tradições asiáticas anteriores (NT).

[2]LACAN, J. (1973). Televisão. In: *Outros escritos*, op. cit., p. 524.

NÃO SEM A ÉTICA

fenômeno específico, acredita-se, da psicanálise, trazido à luz por ela, e do qual ele vai buscar o modelo em *O banquete* de Platão. É que, se a transferência é um efeito de fala, ela não pode datar da psicanálise, mesmo que seja ela quem a tenha revelado. Da mesma forma, se certos afetos são efeitos da estrutura trans-histórica, é preciso encontrar rastros, indícios na história de sua concepção. Resta, contudo, dizer aquilo que somente a psicanálise pode dizer com propriamente. O que Lacan chama de "sequência séria"[3] a esse efeito do inconsciente sobre o corpo. Pois bem, a sequência séria não é apenas estrutural, mas ética.

Essa referência ética também não é nova na história, e aqui novamente Lacan se autoriza disso. Não a da filosofia, dessa vez, mas da religião, a cristã e a judaica, com as duas referências a Dante e Espinoza, que qualificavam eticamente as paixões, e sobretudo as paixões tristes, reconhecendo nelas um erro, um pecado. Lacan retoma esse fio em termos laicos, tanto no nível da ética individual quanto no da ética que se vincula a um discurso.

É que a estrutura não é sinônimo de determinismo, e o sujeito não é a marionete dessa estrutura da qual, no entanto, ele não escapa. De fato, insisti no afeto-*effect*, mas esse efeito nunca é automático. Quaisquer que sejam o universal do efeito de linguagem e as pressões coletivizantes do discurso, os afetos, por sua vez, são sempre particulares, próprios de cada um. "Ao menos para toda uma categoria fundamental de afetos, porém, o afeto é essencialmente conotação característica de uma posição do sujeito, a qual se situa, [...], na entrada em jogo, entrada em funcionamento, entrada em ação dele mesmo, tendo como referência

---

[3]*Ibid.*

as linhas necessárias que lhe impõe seu encapsulamento no significante"[4].

O mesmo se aplica àqueles que provêm de traumas. Isso já era verdade, na ótica de Freud, como disse. Sejam os do sexo ou os da civilização, os traumas sempre incluem uma variável individual, um limiar diferencial para cada sujeito, o mesmo que a noção *traumatic disorders* [transtornos traumáticos], tão na moda, padrões e previsíveis, mal reconhecido. O afeto, segundo Lacan, responde ao *status* de gozo ferido, como disse, mas o termo "resposta" deve ser tomado no sentido forte: uma repercussão, sem dúvida, mas que inclui uma variável pessoal que coloca em jogo a responsabilidade. Consequentemente, os afetos engajam a ética do sujeito, ou seja, precisamente aquilo que Lacan havia definido em A *ética da psicanálise* como uma posição em relação ao real — e não com relação aos valores do Outro, como comumente se acredita — por parte de um ser que sofre os efeitos da estrutura. Isso quer dizer que esta última não faz lei, é apenas uma condição necessária que não cessa de se escrever, ao passo que a condição complementar está do lado do sujeito.

Essa dimensão de uma opção diante do real não está, aliás, ausente em Freud, quando ele forja a expressão "psiconeurose da <u>defesa</u>" — sublinho "defesa" — e quando ele insiste na aversão primária da histérica com relação ao gozo corporal e, pelo contrário, na cativação, não menos primária, do obsessivo. Isso abre a questão de saber se os julgamentos éticos, no sentido comum do termo, não derivariam de um julgamento do gosto original.

---

[4]LACAN, J. (1958-59). *O seminário, livro 6: o desejo e sua interpretação*. Rio de Janeiro: Zahar, 2016, p. 160.

A SÉRIE LACANIANA

POR "AFETOS LACANIANOS", designo tanto a concepção lacaniana de afeto quanto a série original dos afetos pertinentes para a psicanálise de seu tempo que Lacan construiu. A maioria dos afetos que vou mencionar já foi, no entanto, amplamente discutida na literatura ou na filosofia. É o caso da tristeza, da culpa, da vergonha. Mas não faço um compêndio e retenho apenas o toque peculiar de Lacan. Ele consiste essencialmente em fazer o inconsciente e os efeitos de linguagem entrar no fogo das causas, sem jamais se satisfazer com a mera descrição fenomenológica.

Como disse, ele encontrou uma série de antecessores: São Tomás, com relação à teologia cristã ortodoxa; Platão, para as raízes gregas; Espinoza, o herege do judaísmo; Dante, o poeta cristão. A lista é interessante também naquilo que ela deixa de lado e que não nega o resto da obra: nada de Descartes e seu *Tratado sobre as paixões*, embora a referência ao *cogito* ocupe um lugar tão grande na obra de Lacan; não muito sobre Heidegger; uma ironia depreciativa com relação às teses de médicos e psicólogos, Janet inclusive.

A série dos afetos que ele constrói em "Televisão" é única e inédita[1].

A angústia vem primeiro aí, assim como na ordem de seu ensino. É através dela que Lacan começou, ele observa. Ela era propícia a mostrar que a consideração do afeto não é

---

[1] LACAN, J. (1973). Televisão. In: *Outros escritos*, op. cit.

excluída pela ênfase dada à estrutura, mas, mais ainda, como disse, que há ao menos um afeto didático, que é bússola no que diz respeito à elaboração analítica. Digamos: um afeto índice de um real, o do objeto, que pode, portanto, rivalizar com o saber articulado. Aí o antecessor era Kierkegaard, como lembrei.

Em seguida vem a série: tristeza, excitação maníaca, *gaio issaber* [*gay sçavoir*], tédio e morosidade. Revelam-se aí imediatamente algumas estranhezas. E antes de tudo, aquilo que falta: o termo "depressão", tão em voga hoje, está presente, mas é recusado, e seu componente de inércia, caro aos psiquiatras, é transferido para o registro ético: a tristeza seria recuo diante do esforço para "se referenciar no inconsciente"[2]. A culpa, da qual Freud fez uma mola propulsora essencial da Lei até postular uma impensável culpa "inconsciente" na base da "reação terapêutica negativa", não está aí, ao menos explicitamente, mas o pecado, por sua vez, sim. Quanto à mania, na qual não me deterei, ela é dissociada da melancolia que tomamos, naturalmente, como sendo sua face invertida e que não aparece na série. Ela é definida apenas pela "excitação", desconectada, portanto, dos estados subjetivos, para ser posta na conta de um gozar do corpo que condiciona uma rejeição do inconsciente que vai até... a psicose. E em seguida Lacan acrescenta, sem justificativa adicional, aquilo que ele designa como *nossos* afetos: tédio e morosidade. Como seriam eles especificamente nossos? No entanto, esse ainda não é o fim da série, pois finalmente chega a "felicidade", da qual é possível se perguntar se ela está ali por ironia. Retomo, portanto.

[2] *Ibid.*, p. 524.

Tristeza e *gaio issaber* [*gay sçavoir*]

A tese sobre a tristeza é conhecida: não se trata de um estado de espírito, é uma falha moral, "um pecado, o que significa uma covardia moral, que só é situado, em última instância, a partir do pensamento, isto é, do dever de bem dizer, ou de se referenciar no inconsciente, na estrutura"[1]. Que a tristeza seja um pecado é o que se formulou há séculos na esfera do pensamento religioso em que, seja qual for a forma como a chamemos, pois seus nomes são plurais, ela é falta contra a fé, contra o amor de Deus. Falta contra a caridade de Deus, diz, por exemplo, São Tomás acerca da acédia. A questão é, portanto, saber o que Lacan, que se refere ao espírito das Luzes em sua abordagem da psicanálise, acrescenta aí de novo, e quais são os pressupostos de sua tese a qual, como de hábito, ele não explica.

As tristezas de outrora

É impressionante, como indiquei, que nessa questão do afeto de tristeza, nenhuma das referências de Lacan diga

[1] *Ibid.*

respeito aos autores do tempo da ciência, e muito menos do tempo do mal-estar diagnosticado por Freud. Além disso, nada indica que ele aplique sua definição de tristeza apenas no campo analítico, embora ele a reporte ao dever de se referenciar no inconsciente, na estrutura. Ora, esse dever é próprio ao discurso analítico, pois os deveres, assim como a ética, são sempre relativos a uma ordem discursiva. Deveria esse dever ser aplicado a qualquer sujeito da época do mal-estar, sob pena de tristeza?

Um desvio pelos autores de referência pode nos esclarecer.

Surpreende-me, a princípio, sobre essa questão, que Lacan não recorra mais aos Padres da Igreja, nem a São Tomás, a quem ele evoca apenas por sua definição das paixões da alma, não sem o corpo., se assim posso dizer. É, no entanto, do pensamento teológico desses Padres da Igreja que vem a ideia de que a tristeza, sob o nome de "acédia" em particular, é o mais grave dos pecados, uma espécie de execração de Deus à qual sucumbiram, no século III, os primeiros anacoretas no deserto[2]. No entanto, é de Espinoza que ele retoma a ideia de uma falha que se situa apenas do pensamento, a ideia mais precisamente de que o *bem-pensar* resolve tristeza. Esse *bem-pensar*, que é o conhecimento do terceiro tipo para Espinoza, e cujo afeto específico é a alegria [*joie*], implica toda uma concepção da relação com um deus que não é um deus de fala, mas um deus que se iguala à ordem cósmica — poder-se-ia dizer, por analogia, à ordem da estrutura.

Quanto a Dante, onde ele coloca o triste nesse impressionante catálogo dos pecados que é o inferno de sua *Divina comédia*? O verdadeiro pecado de tristeza, que merece o

---

[2]Sobre essa questão da acédia ler, com interesse, o livro *Paul, Lacan et l'acédie* (Paris: Éditions du Cerf, 2009), de Lucrèce Luciani.

inferno, está no canto VII. No antepurgatório, ele colocou os pecados próximos, mas que não o merecem, o do preguiçoso Belacqua, em seguida o canto XVIII do "Purgatório" e o dos "negligentes". Por outro lado, aqueles que sucumbiram à verdadeira tristeza, à *accidia*, aqueles que, portanto, de acordo com São Tomás, se desviaram do bem divino, cometendo assim uma falta contra a caridade de Deus, estão no inferno. Dante os coloca em seu canto VII no quinto círculo, onde eles estão, com os irascíveis, mergulhados na lama negra do Estige. Seu lugar e seu castigo exigem interpretação[3].

Qual é a falta deles, desses acediastas? Digamos, por analogia, que eles não "se encontraram" no amor divino. Tendo apenas gaguejado os pensamentos de luxúria que os assediavam, "ficar deprimido" lhes bloqueou o caminho da luz e deixou-os separados de Deus.

Em todo caso, há na tristeza uma falta contra o Outro, seja ela lugar da ordem universal como em Espinoza, ou o lugar da fala como em São Tomás e Dante. Essa falta é sancionada pelo não acesso à alegria no primeiro caso, ou pelo castigo, como retribuição divina, no segundo.

Essas referências ao pensamento religioso têm um alcance diferente daquelas que a filosofia ou a literatura convocam no ensino de Lacan. Como disse, estas últimas advogam em favor da estrutura, mas quando se trata de Deus, é outra coisa. Como a psicanálise não estaria concernida mais essencialmente, ela que opera por meio da transferência, isto é, por meio da hipótese do sujeito suposto saber que é

---

[3]BOUSSEYROUX, M. (2010). Le vice du vice. In: *Lesdits déprimés. Revue des collèges de clinique psychanalytique du Champ lacanien*, n. 9. Paris: Hermann, 2010.

um dos nomes do inconsciente freudiano, mas também um dos nomes de... Deus? A famosa fórmula "Deus está morto" não anuncia o fim daquilo que Blaise Pascal chamava de deus dos filósofos. Esse deus não é o da revelação, dos profetas e da fala, de Abraão e Jacó[4], é o deus que supostamente sabe tudo, latente em toda teoria. Esse deus é um incondicionado da estrutura da linguagem, o parceiro do próprio cientista. Descartes o convocava como garante das verdades matemáticas, e Einstein afirmava que ele era complicado, mas não trapaceiro. Ele é o suposto lugar dos números transfinitos antes de Cantor tornar-se o descobridor deles, aquele a que alguns cientistas (físicos) hoje recorrem sob a expressão "desígnio [*dessein*] inteligente". Desde Freud, ele além disso é o parceiro do analisando, que supostamente oculta os significantes que este último decifra em sua própria fala com a ajuda do analista.

Afetos da relação com o saber

A questão, então, se coloca: há uma tristeza sob transferência que seja peculiar ao campo da psicanálise? Em outras palavras, qual é a diferença entre uma covardia que rejeita o inconsciente e a rejeição acédica da "caridade" do Deus cristão? A diferença está na natureza de seu Deus. Na psicanálise, a relação com o sujeito suposto saber, que não é um deus de mensagem, mas o lugar suposto de um saber, sustenta o trabalho de decifração. Por isso, ao contrário da tristeza, que é a rejeição do saber, uma falta, portanto, há o *gaio issaber*, o qual consiste em "gozar da decifração" do inconsciente. Uma virtude, diz Lacan.

[4]LACAN, J. (1967). O engano do sujeito suposto saber. In: *Outros escritos*, op. cit., p. 338.

TRISTEZA E GAIO ISSABER [GAY SÇAVOIR]   101

A tristeza e o *gaio issaber* são acoplados como dois afetos que assinam uma relação com o saber inconsciente, conforme ele é rejeitado ou, ao contrário, soletrado termo a termo. É preciso, ainda, distinguir graus no pecado de rejeição, do "não querer saber nada sobre isso". Quando ele vai até a rejeição foraclusiva da mania, ela se torna "pecado mortal"[5], não no sentido religioso do termo, mas porque ela ameaça a sobrevivência do corpo, e consequentemente, faz aparecer como venial o pecado da simples tristeza da qual não se morre.

O *gaio issaber*, por sua vez, também tem suas letras de nobreza, dos trovadores de *La Compagnie du Gai Sçavoir* [Companhia do Gaio Issaber] até a *Gaya Scienza* [Gaia Ciência] de Nietzsche. Mas aí novamente, Lacan dá seu toque: é uma virtude que se define no fundo pelo gosto pela decifração tão essencial na técnica analítica. Ela consiste em "não compreender, fisgar [*piquer*] no sentido, mas em roçá-lo de tão perto quanto se possa, sem que ele sirva de cola para essa virtude, para isso gozar com o deciframento"[6]. Sua alegria [*gaieté*] não depende de caráter, é o afeto de uma certa relação prática com o "saber textual" para aqueles que têm a coragem de se fazer e tolos com suas letras ou com seus sinais, a fim de resistir ao sentido sempre esquivo em vez de se satisfaze com ele. É essa a pulsão epistêmica cara a Freud? Não, aliás, Lacan não a recusa explicitamente na mesma época de "Introdução à edição alemã dos *Escritos*"[7]. Há amor ao saber, é a transferência, mas o menor desejo

---

[5]Remeto a meu artigo La manie péché mortel. In: *L'inconscient à ciel ouvert de la psychose*. Toulouse, PUM, 2002, p. 81 e seguintes.
[6]LACAN, J. (1973). Televisão. In: *Outros escritos*, op. cit., p. 525.
[7]LACAN, J. (1973). Introdução à edição alemã de um primeiro volume dos *Escritos*. In: *Outros escritos*, op. cit.

de saber, e contudo, uma prática do saber que o coloca em exercício sob a forma da decifração da série de elementos de linguagem do inconsciente.

Observo que a decifração não está muito na moda em nossos dias, e é uma questão de saber até que ponto ela permanece em vigor na psicanálise tal como ela é praticada hoje. No espírito da época, ela sofre uma concorrência forte daquilo que castiga duramente a política, o *telling story*, e também pelas "histórias de vida" às quais aqueles que querem lê-las ou escrevê-las se dedicam. Prefere-se, portanto, contar uma história que vá diretamente aos sentidos e capture os imaginários. De fato, na análise, o sujeito se volta para sua história, passada e atual, para dar sentido àquilo de que ele sofre, e Freud, aliás, não hesitou em evocar o romance familiar do neurótico ao qual Lacan, quando o retomou, deu uma nova dignidade, elevando-o ao *status* de "mito individual do neurótico"[8]. No entanto, perscrutar o romance de sua vida ou decifrar os significantes e as imagens determinantes do sintoma não é a mesma operação, não tem os mesmos resultados e não é a mesma coisa gozar do sentido e gozar da decifração.

Se um elogio da decifração se impõe na psicanálise freudiana, e esse foi o primeiro passo para o retorno de Lacan a Freud, isso, contudo, quer dizer que o *gaio issaber* seja a solução para o pecado da tristeza? Ele é o contrário disso, mas o que é não rejeitar o inconsciente a ponto de se referenciar nele? Mais adiante no texto, Lacan dirá "elucidá-lo"[9]. Apenas a decifração é o suficiente? Poder-se-ia acreditar

---

[8] LACAN, J. (1956). *O mito individual do neurótico ou A poesia e verdade na neurose*. Rio de Janeiro: Jorge Zahar, 2008.
[9] LACAN, J. (1973). Televisão. In: *Outros escritos*, op. cit., p. 541.

nisso, mas é aí que é preciso não se exaltar muito rapidamente. O gozo da decifração, por ser um gosto útil na psicanálise, não é suficiente para tudo. Ele não permite pensar a divisão do sujeito, ele a coloca em jogo e, a partir daí, decifrar e se referenciar no inconsciente são duas coisas distintas. Lacan é, nesse ponto, categórico. O "referenciar-se" não caminha sem a decifração, decerto, mas esta é apenas uma de suas condições. É o "bem-dizer" que é ´sua causa. Lacan poderá dizer, em 1973, jogando com o equívoco, que a psicanálise "inverte o preceito; bem-fazer e deixar falar, a ponto de o bem-dizer satis-fazer"[10], faça o suficiente. Que a cola de sentido não permita se referenciar ali, isso é evidente, mas a decifração não faz melhor que isso, pois ela se desenvolve na dimensão da incompletude, que acrescenta sempre possivelmente um elemento a mais, ela não tem princípio de conclusão e somente o retorno ao sentido pode detê-la[11]. Ela não desemboca, portanto, automaticamente no bem-dizer. Cito: da decifração, o *gaio issaber* "no final, faça dele apenas a queda, o retorno ao pecado"[12], pecado esse que ele acaba de precisar que ele é "original, como todos sabem".

Esse é, portanto, o terceiro pecado, o original, conhecido desde sempre. Não se trata nem do pecado que chamei de venial de tristeza, nem do mortal que é a mania, ambos conjunturais. Ele não é de ordem ética, não procede de um "eu não quero saber de nada disso", ele, antes, constitui um destino original. Aí, é mais do que uma analogia com o pensamento religioso que Lacan propõe, mais do que uma forma de se autorizar da história da grande tradição bíblica

---

[10]LACAN, J. (1973). ...Ou pior. In: *Outros escritos*, op. cit. 549.
[11]LACAN, J. (1973). Introdução à edição alemã de um primeiro volume dos *Escritos*. In: *Outros escritos*, op. cit.
[12]LACAN, J. (1973). Televisão. In: *Outros escritos*, op. cit., p. 525.

que, com seu pecado original, aflige até mesmo o inocente: trata-se de uma interpretação do mito bíblico que é oferecido à leitura.

Com a insistência do termo "pecado", surge uma questão sobre o afeto da culpa. A ausência do termo no texto de Lacan é ainda mais impressionante, porque, embora a crença no pecado original pareça correlativa de uma culpa genérica, o termo que Lacan propõe imediatamente depois de ter evocado esse pecado original é justamente... *boa hora* [*bon heur*], como se o afeto que responde ao pecado original não fosse o da culpa. Há um mistério a ser elucidar.

Culpabilidade/cortabilidade [*coupabilité*][13] e "boa hora" [*bon heur*]

A concepção lacaniana de culpa [*culpabilité*] nem sempre é bem compreendida, e não se pode medir até que ponto ela se distingue da de Freud.

Lacan avançou muito cedo contra a ideia freudiana do Supereu herdeiro do Pai, que comandaria o sacrifício do gozo, para afirmar que a culpa não vem daquilo que se supõe, com Freud, ser a lei do Pai — a saber, do proibido. A tese dessa culpa sem proibição é aparentemente paradoxal, porque todo mundo e os próprios psicanalistas, especialmente com relação ao homem obsessivo, imaginam que quanto mais alguém se sente culpado, mais se está inscrito na Lei. Mas é o contrário, e isso se vê justamente no obsessivo, em que a culpa é solidária da anulação do desejo. Além disso, se duvidássemos disso, seria preciso recorrer à prova por meio da melancolia psicótica, em que a foraclusão condiciona a

---

[13]Equívoco que amalgama graficamente as palavras *culpabilité* [culpa] e o verbo *couper* (cortar). (NT)

eclosão delirante do sentimento de falta [*faute*], ao passo que, ali onde está a eficácia do Pai, a culpa é temperada. Trata-se de um fato clínico.

Portanto, uma culpa que não deve nada ao proibido e separada de qualquer transgressão. A que falta [*faute*] ela pode se referir? Acredita-se ser faltoso em relação ao Outro, a seus valores e a suas prescrições, e postula-se que são eles que fazem se sentir culpado. O discurso, de fato, é cheio de normas e de proibições diversas, conduzidas pela educação, transmitidas pelas prescrições sociais, e todos podem, portanto, se sentir em falta em relação a elas. Mas isso aí é apenas culpa que chamaria de "alienação". Ela é solidária da sujeição dos sujeitos à palavra do Outro, precisamente à sua demanda. Essa convicção animou as utopias das educações libertárias antes de constatarmos que elas estão longe de reduzir a culpa e que elas nos instruem por meio desse fracasso mesmo. Uma história engraçada corria em 1968: a da criança que viveu esse tipo de experiência, a quem se anuncia uma mudança de escola e que pergunta, angustiada: seremos obrigados a sermos livres? Os ingleses caíram na armadilha. Que nos refiramos ao *Liberdade se medo*[14], por exemplo. Essa dimensão da culpa com relação ao Outro existe, mas é sobreimposta. Além disso, a análise a trata, a alivia, na medida em que ela consegue "separar" o sujeito, reduzir sua sujeição.

Isso leva à ideia, presente em *Mal-estar na civilização*, de que não é a repressão familiar e social que funda o recalque

---

[14]NEILL, A. S. (1960). *Liberdade sem medo*. São Paulo: Ibrasa, 1991. O livro *Summerhill: A Radical Approach to Child Rearing*, foi escrito pelo psicanalista A. S. Neill, diretor de uma escola autogerida fundada em 1921 na região de Londres. Nele, Neill colocou as descobertas psicanalíticas a serviço da educação (NT).

sexual e a falta de gozar. Lacan diz isso agradavelmente em "Televisão": se a repressão familiar não existisse, seria preciso inventá-la. Inventá-la justamente para que suas proibições permitissem mitificar o impossível, que é a verdadeira origem, e se o impossível é o real, então é preciso dizer que nos consideramos culpados [*coupable*] pelo real. Ainda é necessário especificar o que o termo "real" abrange: aqui o efeito de linguagem, com o gozo insuficiente do *falasser* que ela produz; há gozo impossível de inscrever no simbólico, o da relação sexual e, correlativamente, o gozo Uno, sempre parcial, castrado, que chamamos de fálico. Daí o neologismo *coupabilité* para designar o gozo faltoso.

Lacan não falou imediatamente nos termos da lógica modal, foi somente tardiamente que ele recorreu ao impossível e ao necessário para articular real e simbólico. Valeria a pena seguir sua trajetória em detalhes, com suas sucessivas inflexões, mas há, no entanto, uma grande constante sobre esse ponto. Nos anos 1960, para situar a culpa, ele a referia a dois termos: *ex-sistência* e "gozo". Duas ocorrências reais que o simbólico fracassa em subsumir. As "Observações sobre o relatório de Daniel Lagache" e "Subversão do sujeito e dialética do desejo"[15] evocam a falta de existir e a falta de gozo. O que falta de *ex-sistir* quer dizer senão a facticidade, o sem-razão de uma existência pela qual o Outro não pode responder? De fato, eu poderia não ser ou ser outro. Por que algo em vez de nada? Essa questão filosófica é a própria questão do falante: por que ter nascido? Ela se dirige ao Outro, parental ou divino, e o eleva ao status de supostamente poder responder.

[15]Ver especialmente LACAN, J. *Escritos*, op. cit., p. 672-674, 833 e seguintes.

O simbólico tenta justamente "lavar" a falta [*faute*], era o termo de Lacan; ele também evocava o "perdão" da fala para dizer que ser acolhido no discurso por uma fala instituinte, uma fala que acolhe o ser vivo *ex-sistente* ao Outro, do tipo "você é meu filho", é aquilo que sozinho é capaz de moderar o afeto de existência. Anos mais tarde, Lacan substitui esse perdão da fala pela função de nomeação.

Esse vocabulário religioso já veiculava uma releitura laica dos fundamentos de uma crença no pecado original que excede a esfera do pensamento religioso. O que *ex-siste* eminentemente, senão a emergência de um ser vivo que bate à porta da "cidade do discurso" e que, quando entra, fica exposto a esse gozo "afetado" do qual eu falava? O lugar da falta [*faute*] é, portanto, aquele em que o Outro falha, em que ele não pode responder pela minha vinda ao mundo como ser vivo. Lacan visualizará, anos depois, essa heterogeneidade no aplainamento do nó borromeano por meio da distinção entre as duas dimensões do real e do simbólico. Essa foraclusão é redobrada pelo efeito de linguagem, que deixa ao falante apenas gozo cisalhado, cortado. Aquele "não se deveria", diz *Mais, ainda*[16]. De quem é a culpa então? Cito a resposta de "Subversão do sujeito e dialética do desejo": "Não existindo o Outro, só me resta imputar a culpa ao [Eu], isto é, acreditar naquilo a que a experiência nos conduz a todos, com Freud na dianteira: ao pecado original"[17].

O resultado, clinicamente muito sensível, é que nos sentimos culpados até mesmo pelos limites que sofremos: antes de tudo no fracasso, que é sempre uma expectativa de gozo

---

[16]LACAN, J. (1972-73). *O seminário, livro 20: Mais, ainda*, op. cit., p. 81.
[17]LACAN, J. (1960). Subversão do sujeito e dialética do desejo. In: *Escritos*, op. cit., p. 834.

frustrado, seja ou não no nível sexual, mas também, mais instrutivo, no infortúnio. Nós nos sentimos culpados pelos infortúnios os mais acidentais. A psicanálise, aliás, fez muito para aumentar essa característica: se você não sabe por que, o inconsciente sabe disso, você deve procurar algo ali, mas ela foi precedida muito antes pela religião, que faz do infortúnio um castigo das faltas [*fautes*]: se você não sabe por que, Deus, que vê os corações, sabe. E não dizemos, em nossa cultura: mas o que fiz a Deus para merecer isso?

Vemos a relação entre o pecado e o sentido. O texto de "Televisão" propõe, em suma, a equivalência: a queda no sentido é retorno ao pecado, diz Lacan. E por que, senão pelo fato de que o sentido sempre fugindo, cola, não permite se referenciar no inconsciente, na estrutura. Além disso, a crença no pecado original faz prova, pois ela confere aos infortúnios do falante o sentido da falta [*faute*], aquilo que permite desconsiderar as necessidades da estrutura. Culpado [*coupable*] será, portanto, o único que tem o encargo do real *ex-sistente* ao Outro, que por si só pode responder por ele, fazer-se... responsável por ele. Lacan falou do traumatismo de ter nascido não desejado — que sucesso esse tema teve na psicanálise e além! Com isso, ele parecia significar que o desejo do Outro, manifestado a princípio pela fala plena, poderia absolver a existência de sua facticidade. Se ele acrescenta, em 1979, que ter nascido desejado é semelhante, é para marcar que nada do Outro pode absolver do real, nem seu desejo nem seu amor. *Troumatismo*. Daí a questão de saber se um fundo de "dor de existir" melancólica não é inerente ao *falasser*. E talvez essa seja uma razão para não verter automaticamente a melancolia na conta da psicose — algo de que Lacan se abstém em "Televisão", quando le fala da tristeza.

O termo *troumatismo* é tardio, mas esse é o nome do defeito na estrutura ao qual o mito bíblico ou o freudiano do assassinato primitivo dão sentido. Esse pecado é como um destino do falante. Como, com efeito, não supor que aquilo que estarrece os falantes tenha uma causa, e a interpretação mais simples da causa não é ela a culpa? A partir daí, ao imaginar que as coisas são tramadas, há apenas um passo. E se não for pelo Outro, é pelo Eu [*Je*]. O *troumatismo* da foraclusão do gozo cria um *starter* para a produção ficcional. Ao produzir ironicamente o mito da lamela em "Posição do inconsciente", mito de uma parte de vida realmente perdida devido à reprodução sexuada de espécies superiores[18], Lacan tentou o paradoxo de um mito sem Outro, que não daria sentido. Um mito do furo real, sem sujeito suposto saber no fundo, e que não implicaria nem o Deus pai, nem o pai primitivo.

Se o gozar da decifração anuncia apenas o retorno ao pecado, a impossibilidade de se referenciar nisso por meio da recaída na cola do sentido, como passar daí para a *boa hora* [*bon heur*] e dizer "o sujeito é feliz" [*heureux*][19]? Escrever "*bonheur*" [felicidade] em duas palavras, *bon heur* [boa hora], já é uma malícia que subverte as significações do termo, convocando o acaso [*heur*], o qual sabemos que nem sempre é bom. Submetido à fortuna nos encontros do amor, o sujeito não conseguiria fazer menos, na falta da relação sexual, senão se repetir aí no encontro faltoso que o exila da... beatitude *uniana*. Nunca preenchido, à mercê do encontro, ele, no entanto, tem uma ideia dessa beatitude

---

[18]LACAN, J. (1960). Posição do inconsciente. In: *Escritos*, op. cit., p. 859-860.
[19]Em francês, *bon heur* [boa hora] tem a mesma pronúncia (e grafia) que *bonheur* [felicidade], assim como de *mal heur* [má hora] e *malheur* [infelicidade], donde as explanações da autora logo na sequência (NT).

OS AFETOS LACANIANOS

que, contudo, ele não experimenta. Então, por que dizer *boa hora* [*bon heur*] e não *má hora* [*mal heur*]? A infelicidade [*malheur*] de se repetir como Um sozinho. É que "o sujeito é feliz" designa menos um afeto do que aquilo que resulta de "sua dependência da estrutura"[20]: o fato de, por definição, um sujeito dividido nunca ter um encontro que não seja com a causa de seu desejo e que, no final do baile, não era ela, não era ele. No seminário *Os quatro conceitos fundamentais da psicanálise*, Lacan já havia marcado que a repetição é repetição do encontro faltoso com o Outro. Essa repetição que "mantém" o sujeito dividido — *boa hora* para ele, portanto — nada mais é do que aquilo que constitui o destino de solidão do *falasser*, infelicidade para ele.

De onde vem, então, a ideia da beatitude, uma vez que não se trata de nenhuma revelação que lhe prometa o paraíso terrestre? Aí é Dante, novamente ele, quem dá a resposta, não a da *Divina comédia*, mas a de *Vita nuova* e do amor por Beatriz. Ele "dá o serviço"[21], diz Lacan, revelando o que os poetas clássicos mascaram, a saber, que a ideia de beatitude chega a ele por meio do gozo da mulher, esse gozo com o qual ele não poderia ter relação, recebendo dele, por sua vez, apenas um batimento de pálpebras, um olhar. Assim, essa *boa hora* [*bon heur*] do sujeito é, no fundo, um dos nomes irônicos dessa "maldição sobre o sexo", que atormenta os *falasseres*, deixando-os exilados, "cortados" do Outro.

---

[20]LACAN, J. (1973). Televisão. In: *Outros escritos*, op. cit., p. 525.
[21]*Ibid.*

10
Os afetos de nosso "mal-estar"

Os afetos estão sujeitos à história, como disse. A coisa é facilmente entendida: uma vez que eles flutuam com o *status* do gozo, caem não apenas sob a influência do efeito de linguagem, mas também sob a influência dos efeitos de discurso. Estes, na medida em que regulam as modalidades de gozo próprias de um laço social, geram afetos que poderiam ser chamados de concordantes, em todo caso, dominantes em uma determinada época. São aqueles com os quais cada um facilmente se identifica. Este não é o caso de todos, como veremos. Não é de admirar, portanto, que Lacan dê destaque a dois afetos típicos da época: *nosso* tédio e *nossa* morosidade. À evocação que Deus preenche a Beatriz de Dante, "em nós responde: tédio"[1], diz Lacan.

De que *nós* se trata? Não há nada que indique que em Dante a palavra "tédio" tenha respondido à beatitude invocada por Beatriz. Longe disso. É o "nós" daqueles a quem ele chamava, no seminário *A transferência*, de "nós, os modernos" acerca do amor. Hoje, depois de tantos pós-hipermodernos,

[1] *Ibid.*, p. 526.

hesitaríamos em falar dos modernos, mas é certo que esse *nós* designa não apenas os sujeitos de acordo com a ciência, mas ainda de acordo com Freud — a saber, aqueles que são da época de *Mal-estar na civilização*. Uma tese sobre aquilo que define esse mal-estar está subjacente ali.

É o mesmo *nós* que ele designa quando fala de *nosso* "modo de gozo [...] que só se situa a partir do mais-de-gozar e já nem sequer enuncia de outra maneira".[2] A distinção entre o modo de gozo e a maneira de falar em um determinado discurso é essencial aí. A fórmula designa uma não relação sexual a céu aberto, em um discurso que não constrói mais novas figuras de amor. Então, restam apenas os sintomas particulares para sustentar os laços de amor. É o "nós" de um tempo que sofreu os efeitos da ciência e de suas aplicações capitalistas, mas também da psicanálise e, portanto, que registrou a perversão polimorfa das pulsões e a queda dos semblantes do amor. Um tempo que não acredita mais nas sublimações do objeto sexuado, sejam elas místicas, corteses, clássicas ou românticas. De um tempo em que, comércio à parte, o discurso capitalista não programa nada com relação aos assuntos do amor: o cinismo do fazer sexo [*la bête à deux dos*][3] está quase no mesmo nível de fenômenos, e a evocação da beatitude talvez não faça mais sonhar. Um tempo, portanto, que sabe que Eros não preside à união dos corpos que nunca se unem em um, e no qual cada um pode se perguntar o que resta do amor.

---

[2] *Ibid.*, p. 533.

[3] Em francês, *faire la bête à deux dos* é uma expressão utilizada para referir-se ao ato sexual, podendo ser traduzida por "transar", "ter uma relação sexual", "fazer sexo". Surge no século XV como manifestação de linguagem cortês, designando a osmose entre dois seres. Com o passar dos séculos, contudo, passou a adquirir uma conotação mais bestial, evocando uma relação sexual desprovida de sentimentos (NT).

OS AFETOS DE NOSSO "MAL-ESTAR"

Portanto, há dois componentes do mal-estar. Um que procede do fato de que o gozo não se presta a fazer relação. É a condição real que nada deve ao discurso do tempo e que a psicanálise trouxe à luz. E depois o outro, que procede do discurso da modernidade científica, que não faz mais suplência à carência estrutural do sexo por meio da invenção dos semblantes do casal. Não percamos de vista o fato de que todos os discursos, dos quatro que Lacan construiu, forjam, cada um deles, um par, como disse: mestre-escravo, professor-aluno, histérico-mestre, analista-analisante, e não é possível verificar na história o quanto o par homem-mulher foi, e às vezes continua sendo, pensado e gerado a partir desses pares.

O discurso capitalista, por sua vez, não forja um par. Lacan se empenhou em demonstrar contra Marx, e de forma muito convincente, que o par capitalista e proletário, caro a Marx, não é uma versão moderna do mestre e do escravo[4]. O único laço forjado pelo discurso capitalista é aquele, muito pouco social, de todos os sujeitos e de cada um entre eles com os objetos da produção a serem gozados. É, aliás, bastante sintomático que em inglês, uma aventura [amorosa] seja *an affair*. Esse discurso não diz nada sobre as coisas do amor, ele diz apenas sobre aquilo que chamamos de "negócios" [*les affaires*], aqueles da produção-consumo. Ele não faz suplência, portanto à não relação real e a deixa descoberta, ao contrário dos anteriores. O que, contudo, não quer dizer que ele o esclareça, mas que ele apenas priva os sujeitos dos recursos simbólicos que o temperaram em outros tempos, deixando-os mais expostos do que nunca às consequências da solidão e da precariedade da não relação sexual.

---

[4]Ver, sobretudo, LACAN, J. (1970). Radiofonia. In: *Outros escritos*, op. cit., resposta à Questão V.

O que, portanto, nosso tédio tem de específico? O texto o situa em referência a dois gozos, justamente. O nosso, que acabei de mencionar, e o da beata Beatriz de Dante, que lhe garante que "Deus a preenche". Beatriz, por sua vez, não fala de seu gozo em termos de objeto *a*, como é o nosso caso, ela fala em termos de união mística, de "identificação do Outro com o Um". Assim, em termos de sublimação *unienne* [uniana] — anagrama de "*ennui*" [tédio] — do animal de duas costas [*bête à deux dos*] de Aristófanes[5], o cômico. "E eis surgido o Outro que só devemos identificar com o gozo dela"[6], diz Lacan. Em outros termos: Deus desceu à terra. Lacan mobiliza aí aquilo que ele afirmava em *Mais, ainda*: o gozo da mulher é uma face de Deus. Acrescento: uma face bem secularizada do Deus impredicável, furo no simbólico. Colocar o gozo da mulher ali onde São Tomás colocava a caridade divina é, obviamente, um baita ponto de virada no discurso.

Nosso tédio responde a isso. Não era esse o caso de Dante, que se mostrava, antes, contente. Será que a não relação sexual, daí em diante a céu aberto para o sujeito do mal-estar, o deixaria mais incrédulo com relação à União mística? Ou será que ela, antes, aviva seu sentimento de exílio na medida em que a evocação da beatitude lhe ocorre por meio de A mulher barrada? Lacan já falara de tédio muito antes dessa data. Ele a situava então como uma forma do desejo, de um desejo causado pelo objeto *a*, mas indeterminado quanto ao seu alvo. No fundo, o tédio é um dos afetos

---

[5]Novamente, *la bête à deux dos*. Todavia, a referência aqui a Aristófanes parece dizer respeito ao mito dos andróginos, "seres duplos, com costas e flancos duplos, quatro mãos e quatro pernas e dois rostos virados em direções opostas na mesma cabeça", que foram separados pelos deuses e condenados a vagar em busca de sua "outra metade" (NT).
[6]LACAN, J. (1973). Televisão. In: *Outros escritos*, op. cit., p. 525.

do desejo de outra coisa, aqui de um outro gozo. Um afeto atemporal, pois ligado à falta impossível de ser preenchida e que denuncia todas as ofertas da realidade, bem deletéria, portanto, para tudo aquilo que se propõe de laço libidinal efetivo. Então, que o Outro adquira existência, e a "precariedade" do modo de gozo que é nosso e que nos separa dele se torna mais aguda e lança o descrédito sobre aquilo que é nossa sina em matéria de gozo.

Conhecemos a resposta do cristianismo: ele só pode fazer admitir as privações sob o disfarce de valores sacrificiais, notadamente o caráter sagrado da vida (sem aborto), a contenção do sexo (castidade), só prometendo a suprema retribuição da beatitude na vida após a morte. O que equivale a dizer que a grande luta entre a revelação religiosa e a revelação freudiana sobre o sexo está longe de ser terminada. Ela não se desenvolve no plano da argumentação a favor ou contra, mas no dos gozos e afetos que o discurso atual ordena. Nesse ponto, Lacan não estava otimista, ele que anunciava que, com nosso modo de gozo, Deus poderia "recuperar a força"[7].

Passo para o segundo afeto de não relação, a morosidade [*morosité*]. Ela é de hoje também? Podemos dizer: *nossa* morosidade? A morosidade é o antônimo da alegria [*gaîté*] e do júbilo [*joie*]. Lacan a identificava entre os jovens da época, os de 1968: "Se falei de tédio ou mesmo de morosidade a propósito da abordagem 'divina' do amor, como desconhecer que esses dois afetos se denunciam? — em palavras e até em atos — nos jovens que se entregam a relações sem repressão?"[8]. Esse traço coletivo fazia disso um afeto que

[7]*Ibid*., p. 533.
[8]*Ibid*., p. 530.

OS AFETOS LACANIANOS

sancionava por meio da negativa a função positiva da proibição, sem a qual se desvelada com mais crueldade, que em matéria de união, encontramos apenas uma breve *coiteração*, como Lacan diz para unir "coito" e "reiteração", e que entre o homem e a mulher há um muro que não deve nada à repressão. A morosidade é o afeto que vem "a um corpo cuja propriedade seria habitar a linguagem[9]", mas que não encontra nisso acomodação para seu gosto. O afeto, portanto, de uma percepção da união impossível, do real. Lacan nos deixa com uma pergunta: trata-se de um pecado, um grão de loucura, um toque do real?

Qual dos três e por que não decidir?

É um pecado de covardia se ela provier de um "não querer saber nada" da não fusão sexual, não querer concluir nada desses êxitos do ato que constituem a não relação. Nesse caso, o mau humor sanciona um fracasso, mas, reduplicação, um fracasso de que se quer ignorar a necessidade. Uma espécie de tristeza que desconhece sua causa. Daí a tomar a culpa para si até se deprimir poderia haver apenas um passo.

Mas também é um grão de loucura se ela responder à louca esperança, como dizem se diz louco amor, se ela for a repercussão de uma louca expectativa de união, uma espécie de incredulidade, de *Unglauben* que gostaria de foracluir o real da estrutura.

A menos que, toque do real, ela simplesmente repercuta do lado do sujeito o *status* do gozo do *falasser*, com o destino de solidão que o inconsciente constitui para ele. Os três não se excluem, e é sem dúvida por isso que Lacan não escolhe.

Eles não são excludentes pelo fato de o afeto resultar de dois fatores, um real, que é a não relação, a maldição sobre

[9] *Ibid.*, p. 526.

o sexo, e o outro ético, variável de sujeito a sujeito, portanto, o qual pode engajar a rejeição do saber, numa espécie de "eu sei bem, mas ainda assim". Sei bem, mas não quero saber nada da desunião estrutural, tristeza, covardia moral. Não posso acreditar nisso, loucura, delírio de amor louco. Ou então eu endosso o real da desunião, sua inevitabilidade que não cessa de se escrever, toque do real. Não se segue daí que eu me contente com isso. Ao real nós nos habituamos, dizia Lacan. Acrescento: nos habituamos a isso na melhor das hipóteses, pois podemos querer continuar protestando, batendo o pé, e certo é que alguns sujeitos não deixam de fazê-lo. Então, o mau humor é um pouco entre dois: ele é a tradução do afeto do real que não é convém a um sujeito que não se habitua[10]. Outros poderiam ser levados à quietude da resignação, e até mesmo ao entusiasmo — voltarei a isso.

O interesse desta série lacaniana aparece se a compararmos àquelas estabelecidas, por exemplo, por São Tomás ou pelos Padres da Igreja. Aliás, é fato que a lista das ditas paixões da alma evoluiu na história. Para a série lacaniana, vemos aquilo que a ordena: ela não procura identificar todos os afetos, nem sequer todos aqueles de que Lacan falou, mas especificamente aqueles que respondem ao real do inconsciente — a relação impossível — e a seus efeitos, sobre os quais a análise é a única a lançar alguma luz. Desse ponto de vista, todos os afetos não se equivalem. Desses quatro, os dois primeiros são os afetos do saber; os dois segundos, os afetos do sexo. A série, portanto, é ordenada, por um lado, em função da posição ética em relação ao saber — essa é a diferença entre tristeza e *gaio issaber* — e, por outro, em função da historicidade do discurso, com o *nosso* tédio e

---

[10]Ver mais adiante o desenvolvimento sobre a raiva.

nossa morosidade, a dominância típica destes respondendo aos efeitos do inconsciente sobre o corpo quando faltam os semblantes reparadores que sustentavam o Eros. Com isso, a tese primeira do afeto efeito da estrutura de linguagem se encontra não anulada, mas completada pelos efeitos do discurso e, ademais, fortemente flexionada por esse elemento que chamamos de ético. Nesse nível, o afeto já não é um mero efeito, mas um sinal [*signe*], uma manifestação de uma posição pessoal, de uma obscura opção do ser, que não é ela própria um elemento estrutural. Isso equivale a dizer que, longe de ser simplesmente enganador e mentir sobre o real, ele também adquire um valor de índice daquilo que na linguagem não é linguagem, o real e a posição ética do sujeito. É a uma reversão dessas que Lacan chegou a partir do seminário *Mais, ainda*, embora nem todos os afetos estejam igualmente concernidos nessa reversão.

11
Outros afetos

As paixões do ser

É compreensível, a partir daí, que Lacan, em "Televisão", não retome a série amor, ódio e ignorância, essas "paixões do ser" que ele tantas vezes comentou como sendo características de um sujeito que padece de sua falta a ser. Ele não os retoma, mas a partir de *Mais, ainda*, no decorrer de observações esparsas, não sistematizadas, podemos acompanhar os ajustes de suas fórmulas.

Desde *Os escritos técnicos*, na lição de 30 de junho de 1954, a tese estava colocada. "É somente na dimensão do ser, e não na do real, que podem se inscrever as três paixões fundamentais"[1]. Elas respondem ao efeito primário da linguagem, à falta a ser, e não se referem, portanto, ao saber inconsciente nem ao real. Assim são criados: "na junção do simbólico e do imaginário, essa fenda, se vocês quiserem, essa aresta, que se chama o amor — na junção do imaginário e do real, o ódio — na junção do real e do simbólico, a ignorância"[2].

---

[1]LACAN, J. (1953-54). *O seminário, livro 1: Os escritos técnicos de Freud*. Rio de Janeiro: Zahar, 1986, p. 308-309.
[2]*Ibid.*, p. 309.

Sem dúvida, é no amor que a relação com o ser é mais apreensível. Mas o amor não deve ser confundido com o desejo, embora eles possam ser enodados. Na medida que "nós o distinguimos do desejo, considerado na relação limite radical estabelecida do ser humano com seu objeto, de todo organismo com seu intuito instintual, se o amor é algo diferente, precisamente, na medida em que a realidade humana é uma realidade de fala, ele não se instaura de amor, não é possível falar de amor senão a partir do momento em que a relação simbólica existe como tal, em que o intuito é não da satisfação, mas do ser[3]. Lacan, até o seminário *Mais, ainda*, preferiu proceder à depreciação, ele mesmo diz isso, dessa paixão que ele chama, na ocasião, de apaixonante. Ele denunciou sua mentira, ilusões e impotências. O amor pretende ser dádiva; amar é, com efeito, "dar o que não se tem", sua falta a ser, mas ele mente, pois, de fato, ele é demanda: "Amar é querer ser amado". O amor é uma exigência de ser, ele busca seu complemento na falta do outro com a esperança de fazer Um. Ilusão, consequentemente, que não quer saber nada do destino que a linguagem cria para nós. Ilusão cômica, aliás, do cômico da psicose, diz Lacan em 1975 em "R. S. I.", pois o amor não delira ao afirmar que esse objeto de encontro é seu único respondente de ser, tal qual o cofre do avarento? O seminário *Mais, ainda* acrescenta mais uma coisa aí: "Falar de amor é, em si mesmo, um gozo"[4]. Mas então, a palavra de amor nunca é uma palavra da verdade: ao acreditar falar do parceiro, ela apenas satisfaz a relação do sujeito com o gozo próprio que ele sente no... blablá.

---

[3] *Ibid.*
[4] LACAN, J. (1972-73). *O seminário, livro 20: Mais, ainda*, op. cit., p. 112.

Conclusão: "O amor é impossível [...]"[5]. A série é pesada: narcisista, mentiroso, ilusório, cômico, impossível.

Nesse sentido, o ódio [*haine*], o verdadeiro, que não é simplesmente a outra face do amor no "*enamoródio*" [*hainamoration*][6], o ódio que visa ao ser do outro é mais lúcido em sua destrutividade. Mas é a ignorância que Lacan colocava no topo da série dessas três paixões. Essa ignorância, "que acabei de dizer que se tratar de uma paixão, não é para mim uma menos-valia, tampouco um *déficit*. É outra coisa, a ignorância está ligada ao saber"[7], especificamente quando ela é "douta ignorância", aquela que na ponta do saber se inclina, à maneira de Baltasar Gracián[8], diante daquilo que do ser escapa. Lacan fazia dela até mesmo, no momento em que ele estava construindo a clínica da falta, a única paixão digna do analista — sem esquecer, no entanto, a "ignorância crassa" sobre a qual ele retorna em *Mais, ainda*, aquela que, "do ser do Outro [ele] não quer saber nada"[9].

Essas três paixões do ser foram, portanto, concebidas e ordenadas em função do inconsciente linguagem como instância negativa. Podemos esperar que elas sejam esclarecidas de maneira diferente à medida que o conceito de inconsciente real — real do inconsciente e inconsciente real — é elaborado, o que não anula essa instância negativa,

---

[5]*Ibid.*, p. 117.

[6]Trocadilho que, em virtude de homofonia possível, une as palavras *haine* [ódio] e énamoration [enamoramento] (NT).

[7]LACAN, J. (1971-72). *Le séminaire "Le savoir du psychanalyste"*, inédito (lição de 04/11/1971).

[8]Baltasar Gracián y Morales (1601-1658) foi um jesuíta e escritor pertencente ao Século de Ouro Espanhol. Dentre as obras mais importantes de Gracián encontra-se o romance *O criticon*, uma das obras mais importantes de toda literatura espanhola (NT).

[9]LACAN, J. (1972-73). *O seminário, livro 20: Mais, ainda*, op. cit., p. 164.

mas acrescenta a ela a incidência de *lalíngua* e do gozo. Ora, este último, por mais afetado que seja, não deixa de ser aquilo que eu poderia chamar de uma instância positiva, substancial, a ponto até mesmo de, como disse, estar em toda parte, no corpo, mas também na fala e no dizer. Portanto, é interessante acompanhar o que Lacan pôde dizer acerca desses três afetos a partir de *Mais, ainda* e "Televisão".

No fundo, ele os dissocia. Ele dificilmente volta à ignorância, mantém sua definição de ódio e remaneja bastante o alcance do amor. Retomo.

Constatamos que ele não convoca mais a ignorância como tal, mas é porque ele a rebatizou, e em sua dupla face. A ignorância "crassa", como ele se expressa, é colocada na conta de um "não quero saber de nada", aquele que deixa triste. E cabe a Lacan, portanto, contestar a pulsão epistêmica de Freud: não há o menor desejo de saber. Quanto à "ignorância douta", a ignorância de quem sabe muito e que, de todo o seu saber, percebe aquilo que não pode ser sabido, o furo, é o cúmulo do saber possível de certa forma, melhor do que a decifração que recai no sentido, um precursor do bem-dizer que vem de tempos longínquos.

O ódio que visa ao ser do outro mantém sua definição, mas varia de acordo com as flutuações do termo "ser" no ensino de Lacan. Com efeito, ele se desloca de ser de falta, ser do sujeito, seu desejo, para seu ser de gozo sintomático e, por fim, para seu dizer *sinthoma*. Lacan finalmente formula, cito *Mais, ainda*, o dizer: "É mesmo o que mais se aproxima do ser, que eu chamo de ex-sistir. Nada concentra mais ódio do que esse dizer onde se situa a ex-sistência"[10]. Em maio de 1977, no seminário inédito *"L'insu que sait de l'une-bévue,*

---

[10]*Ibid.*

s'aile à mourre", Lacan formula as coisas em outros termos: "Há Um [*Y'a de l'Un*], repeti agora há pouco, para dizer que há Um, e nada mais. Há Um, mas isso quer dizer que, ainda assim, há sentimento. Esse sentimento que chamei, segundo as *unaridades*, que chamei de suporte, o suporte daquilo que é preciso que eu reconheça, o ódio"[11]. Uma forma de propor algo como uma "relação" [rapport] de ódio. Esse "Há Um" não é simples, ele designa tanto os uns que fixam o gozo, as letras do sintoma, o "Un dire" [*Un dire*] que tem a ver apenas com a solidão e nada mais, exceto o sentimento justamente. O ódio visa à *unaridade* complexa do outro, mas, por isso, pode haver apenas *unaridades*, mas há, ainda assim, uma relação de afeto entre *unaridades*, uma relação que, de certa forma, postula a existência do outro, e no ódio, essa relação é de execração, ao passo que no amor, tal como redefinido em *Mais, ainda*, é de "reconhecimento"[12].

A cólera

"Televisão" deixava de lado dois afetos essenciais que Lacan, no entanto, comentou amplamente: a cólera e a vergonha.

A cólera, contudo, não deixa de ter relação com o real. É o afeto que surge quando algo do real se põe no caminho das empreitadas do desejo, sempre ordenadas pelo simbólico.

> Difícil não perceber que um afeto fundamental como a cólera nada mais é que isto: o *rela* que chega no momento em que armamos uma belíssima trama simbólica, em que tudo

---

[11]LACAN, J. (1976-77). *Le séminaire " L'insu que sait de l'une-bévue, s'aile à mourre "*, inédito (lição de 10/05/1977).
[12]LACAN, J. (1972-73). *O seminário, livro 20: Mais, ainda*, op. cit., p. 197-198.

vai indo muito bem, a ordem, a lei, nosso mérito e nossa boa vontade.[13]

A cólera é certamente uma paixão que se manifesta por meio de tal correlato orgânico ou fisiológico, por meio de tal sentimento mais ou menos hipertônico, e até mesmo elativo; mas que necessita, talvez, como que de uma reação do sujeito a uma decepção, ao fracasso de uma correlação esperada entre uma ordem simbólica e a resposta do real. Em outros termos, a cólera está essencialmente ligada ao que expressa essa fórmula de Péguy, que o disse numa circunstância humorística — é quando as cavilhazinhas não entram nos furinhos.[14]

Então, hipertônico, de fato, esperneia-se, quebra-se tudo, os pratos ou a cabeça dos outros, grita-se etc. É interessante constatar que o estrondo acompanha a cólera e que ele ataca justamente os arranjos discursivos que se mostraram impotentes em satisfazer.

Questão: sua imprecação visa, antes, ao Outro, ou mais ao real que impede de andar em círculos? A cólera da criança pequena, futuro Homem dos ratos de que Freud fala, parece justamente insultar o Outro quando ele grita a seu respeito, sem dúvida por falta de outro vocabulário: "Seu lâmpada! Seu lenço! Seu prato!"[15], como se o inconsciente o advertisse de que todo significante faz injúria ao sujeito

---

[13]LACAN, J. (1958-59) *O seminário, Livro 6: o desejo e sua interpretação*. Rio de Janeiro: Zahar, 2016.
[14]LACAN, J. (1959-60). *O seminário, livro 7: A ética da psicanálise*. Rio de Janeiro: Zahar, 2008, p. 126.
[15]FREUD, S. (1909-10). Observações sobre um caso de neurose obsessiva ["O homem dos ratos"], Uma recordação de infância de Leonardo da Vinci e outros textos. In: *Obras completas de Sigmund Freud*, v. 9. São Paulo: Cia das Letras, 2013, arquivo kindle.

OUTROS AFETOS

e que ele é propício a fazê-lo descer à categoria de objeto.
Todos os exemplos de vituperação contra Deus iriam no
mesmo sentido, assim como o registro do insulto, o qual,
do diálogo, é "tanto a primeira quanto a última palavra [...]
só toca no real ao perder toda a significação"[16]. Pragueja-
-se, portanto, contra o Outro que não pode fazer nada, e
contra os outros que o presentificam, na falta de poder de
comover o real.

A vergonha

A vergonha é um afeto mais complexo, mais sutil que a cólera. Mais ligado também ao inconsciente. Difícil de circunscrever. Não há afeto que não seja efeito da estrutura e de
seus limites, de suas tomados ou não tomadas no real. Portanto, eles próprios são tão diversos quanto os aspectos da
estrutura que os causa: as paixões do ser respondem à falta
a ser gerada pela linguagem; o domínio do tédio e da morosidade em nosso discurso atual ecoa a falta de gozar, o gozo
que há ou não; tristeza ou *gaio issaber* inscrevem a recusa
do saber ou seus limites intrínsecos; a cólera confirma as
inadequações do real ao simbólico. Quanto à vergonha, a
que ela responde?

Lacan falou muitas vezes da vergonha, mas seus desenvolvimentos mais consistentes, e sobretudo mais novos
sobre esse sentimento, encontram-se no final do seminário
O avesso da psicanálise, quando ele se dirige eletivamente
aos estudantes de 1968, e podemos nos perguntar por que.
Há boas razões para isso. Esse seminário questiona aquilo
que regula os laços sociais, o S_1, significante mestre, no discurso do mestre, o S_2 do saber no discurso da Universidade.

---

[16]LACAN, J. (1972). O aturdito. In: *Outros escritos,* op. cit., p. 489.

O ser visto

Não é esse o caso em todos os afetos, não é o caso, por exemplo, da tristeza nem da dor de existir, nem sequer a angústia. A vergonha, por sua vez, supõe um desvelamento surpresa do ser do sujeito aos olhos do outro. Sua temporalidade é, nesse sentido, bastante diferente daquela da angústia, sempre ligada à *iminência* do desconhecido. Na vergonha, não é a iminência, mas o contrário, a emergência surpresa, inesperada, e reveladora. O quê, então? Um traço de ser, íntimo, secreto, mais frequentemente ligado ao seu desejo e ao seu gozo oculto, mas também à sua forma corporal. Compreendemos que ela interessa ao psicanalista que dá à luz àquilo que o inconsciente oculta.

De todos aqueles que antes dele comentaram esse afeto — e são numerosos: Descartes, Espinoza, Kant, Heidegger —, Lacan reteve, sobretudo, o grande exemplo produzido por Sartre e que ele retomou: o *voyeur* surpreendido pelo outro que, subitamente, se encontra reduzido na conflagração da vergonha com o olhar oculto que ele é. "Ela faz com que o objeto tenha precisamente a função de significar o ponto onde o sujeito não pode se nomear. É onde o pudor, diria eu, é a forma régia do que, nos sintomas, se converte em vergonha

---

[17]LACAN, J. (1953-54). *O seminário, livro 1: Os escritos técnicos de Freud*, op. cit., p. 246.

OUTROS AFETOS

e em asco"[18]. Há muitos outros exemplos, no entanto, além desse do *voyeur*, ainda que seja apenas a vergonha de Alcibíades em *O banquete* de Platão, comentado por Lacan em 1º de março de 1961 no seminário *A transferência*. "O que o cobre de vergonha e faz de sua confissão algo tão pesado. O demônio do *Aidos*, o pudor [...] é o que intervém aqui. É isso o que é violado. É que, diante de todos, é desvelado em seu traço o seu segredo mais chocante, a última mola do desejo"[19]. "Nessa hiância de desejo humano, todas as nuances [...] que se escalonam da vergonha ao prestígio, da bufonaria ao heroísmo, todas essas nuances aparecem, as quais fazem com que esse desejo humano seja, de certa forma, inteiramente exposto, no sentido mais profundo do termo, ao desejo do outro"[20].

A vergonha é, no fundo, o afeto do desvelamento do "êx-timo", aquilo que me constitui em meu ser sem ser eu, quer o chamemos de desejo, coisa, objeto, sintoma, tudo aquilo que esse outro afeto que é o pudor protege, mantendo-o sob um véu. O ato de levantar esse véu, aliás, às vezes gera uma vergonha por participação, como se se tivesse vergonha pelo outro, por identificação imaginária com o desvelado. "A única virtude se não houver relação sexual, como enuncio, é o pudor[21]", diz Lacan. Uma virtude com uma função sexual ambígua, é verdade, tão ambígua quanto a função erótica do véu que oculta e mostra ao mesmo tempo, e até mesmo

---

[18]LACAN, J. (1958-59) *O seminário, livro 6: o desejo e sua interpretação*. Rio de Janeiro: Zahar, 2016.

[19]LACAN, J. (1960-61). *O seminário, livro 8: A transferência*. Rio de Janeiro: Zahar, 1992, p. 178.

[20]LACAN, J. (1953-54). *O seminário, livro 1: Os escritos técnicos de Freud*, op. cit.

[21]LACAN, J. (1973-74). *Le séminaire "Les non-dupes errent"*, inédito (lição de 12/03/1974).

mostra ocultando, e com a qual joga tão bem com essa pudica desavergonhada que é a Pudica de Barbey Aurevilly[22].

É compreensível que Lacan chame até de seu voto [*vœux*] uma "vergontologia" [*hontologie*][23]. "É uma vergonha, como dizem, que deveria produzir uma *vergontologia*, ortografado enfim corretamente"[24]. O significante é impróprio em fixar o ser, daí isso que poderia ser chamado de antiontologia de Lacan. Cito: "É isso que faz com que a ontologia — em outras palavras, a consideração do sujeito como ser — seja uma vergonha [*honte*], se vocês me permitem"[25]. O sujeito é falta a ser, e no significante seu ser está sempre em outro lugar, deslocado, mas ali onde há vergonha, seu ser êx-timo, inconfessável, e até mesmo desconhecido, do qual ele não pode se desfazer, ao qual ele está atado, esse ser se manifesta no indizível e faz mais do que colar em sua pele, como se costuma se dizer... Ele o inspeciona, ele, o deslocado do significante. É o que há de mais universal na vergonha.

A vergonha de viver

No final de *O avesso da psicanálise*, na lição de 17 de junho de 1970, Lacan não diz "nossa vergonha", nem mesmo "sua vergonha" aos alunos com quem ele fala e, no entanto, a novidade de seus desenvolvimentos é uma função de

---

[22]Referência ao romance *Les diaboliques* (1874), de Jules-Amédée D'Aurevilly (Paris: Folio, 1973) (NT).

[23]LACAN, J. (1969-70). *O seminário, livro 17: O avesso da psicanálise*, op. cit., p. 172. Neologismo de Lacan que amalgama os termos *honte* [vergonha] e *ontologie* [ontologia]. Mais adiante, Lacan diria que o termo, enfim, estaria ortografado corretamente com um "h", de *honte* (NT).

[24]*Ibid.*

[25]LACAN, J. (1971-72). *O seminário, livro 19: ...Ou pior*. Rio de Janeiro: Zahar, 2012, p. 113.

seu diagnóstico sobre o discurso que ele chama de avesso. O texto é difícil de elucidar. Lacan conecta a vergonha simultaneamente ao significante mestre e à morte.

Qual é a tese aqui?

Formulo-a de maneira condensada: ocorreu uma mudança na amarração da vergonha. Retomo aí a expressão que o próprio Lacan utilizou para a angústia, e que dizia que ela havia passado de um Outro, o do discurso consistente, ao outro, o objeto ou o real, ambos heterônomos. Ele produz a noção de uma vergonha específica que seria peculiar ao estado do discurso universitário do momento, que ele chama de "vergonha de viver" e que assinalaria "uma degenerescência do significante mestre", sendo o significante mestre aquele que preside, entre outras coisas, aos valores, deveres — digamos: às normas próprias a uma ordem social.

Lacan introduz a questão daquilo que "merece a morte" a partir da expressão comum "morrer de vergonha", que designa aqueles momentos em que a morte parece preferível à revelação do ser inconfessável. É aí que se introduz o fator histórico. Não estamos mais na época em que, de uma forma ou de outra, declinar dos deveres prescritos pelo significante mestre que lhe representava merecia, de fato, a morte, no bom tempo dos duelos em que a ofensa à honra era paga com o risco vital, aquele em que um Vatel ou um Mishima poderiam morrer por honra. Pensava-se justamente que declinar do significante mestre merecia a morte, e morria-se de verdade em vez de se apegar ao afeto "morrer de vergonha". "Morrer de vergonha é o único afeto da morte que merece — que merece o quê? — que a merece"[26]. Morrer-se-ia, antes, para redimir, se assim posso dizer, a vergonha e permanecer inscrito sob o

---

[26]LACAN, J. (1969-70). *O seminário, livro 17: O avesso da psicanálise*, op. cit., p. 172.

significante mestre, seja ele qual for, subtraindo sua existência da cadeia que ele comanda, instituindo-se, assim, no "ser para a morte" ao qual a linguagem preside. Já no começo, em "Função e campo da fala e da linguagem", Lacan havia evocado as várias figuras da colocação em jogo da morte como manifestação de liberdade do homem, e entre elas "o sacrifício consentido de sua vida pelas razões que dão à vida humana sua dimensão"[27]. Mas, é preciso dizer, os tempos mudaram e "morrer de vergonha é um efeito raramente obtido. Contudo, é o único signo [...], o único signo cuja genealogia se pode assegurar, ou seja, ele descende de um significante"[28].

Será que a vergonha do estudante a quem ele se dirigira teria deixado de descer do significante mestre, de ser relativa ao seu imperativo? É justamente isso que diz o texto, de acordo com a minha leitura. A vergonha se transformou em uma "fenomenal vergonha de viver"[29], diz Lacan. De viver uma vida que, aconteça o que acontecer, nunca merece a morte na falta de não se inscrever na genealogia de um S_1, significante mestre, e, portanto, onde tudo se reduz ao fútil. Isso não vale a morte, diz-se. Essa nova vergonha, correlativa de uma degenerescência do significante mestre, anda de mãos dadas com outro fenômeno da época: a impudência. Voltarei a isso. Com uma análise, diz Lacan, e "um pouco de seriedade, vão se dar conta de que essa vergonha [de viver] se justifica por não morrerem de vergonha"[30]. Seria essa uma prescrição da vergonha?

---

[27]LACAN, J. (1953). Função e campo da fala e da linguagem. In: *Escritos*, op. cit., p. 321.
[28]LACAN, J. (1969-70). *O seminário, livro 17: O avesso da psicanálise*, op. cit., p. 172.
[29]*Ibid.*, p. 174.
[30]*Ibid.*

OUTROS AFETOS

De que aqueles alunos a quem ele fala deveriam ter vergonha? A resposta é uma tomada de posição política muito precisa, ligada à estrutura dos dois discursos — o do Mestre e o da Universidade, que Lacan construiu naquele ano. O primeiro coloca o significante mestre no lugar do agente que ordena o discurso, o segundo coloca aí o saber. Teria lugar morrer de vergonha para aquele que sustenta com "todas as [suas] forças um *discurso do Mestre* pervertido — é o *discurso Universitário*"[31]. Ao *astudado* [*astudé*][32], como ele o chama aliás, reduzido ao objeto a ser formatado, o qual é ativado por essas medalhas que são as ditas "unidades de valor" do seu "domínio" [*maîtrise*] (*sic*), assim como nos "concursos de animais"[33] e que fará até uma tese, que colabora, portanto, com o discurso da Universidade, ele diz: "Ter vergonha de não morrer disso talvez desse outro tom, o de que o real esteja concernido"[34].

Mas o que há de vergonhoso nesse discurso da Universidade em relação ao discurso do Mestre, e de que real se trata? É que esse discurso, ao substituir o governo do significante mestre, o do saber, do saber que a voz do professor carrega, dissimula aquilo que é o princípio do poder no simbólico, um S_1 sempre, a partir do qual uma realidade de o discurso, seja ela qual for, torna-se orientada e legível.

[31]*Ibid.*, grifos da autora.
[32]Referência ao termo criado por Lacan na aula de 11/03/1970. O termo joga foneticamente com o particípio passado do verbo étudier [estudar] — isto é, étudié [estudado] — substituindo o "e" inicial do verbo por "a" (do objeto *a*) (NT).
[33]LACAN, J. (1969-70). *O seminário, livro 17: O avesso da psicanálise*, op. cit., p. 175.
[34]*Ibid.*

Discurso do mestre

$$\frac{S1}{\$} \xrightarrow{\text{impossível}} S2$$

Discurso da universidade

$$\frac{S2}{S1} \xrightarrow{\hspace{2cm}} \$$$

A partir daí, o real próprio ao discurso do mestre — a saber, o impossível de estrutura que separa o S_1 do saber S_2 — é mascarado e o significante mestre muda de lugar e de função.

Nós percebemos isso com esse exercício que corona o currículo do estudante que é a tese. A peculiaridade da tese é que ela leva o nome próprio de seu autor. Ele revela por meio disso que o pressuposto do discurso universitário é que o saber tem um autor. No saber colocado na tese, ou em suma, com todos os equívocos do termo, é o nome do autor que serve de significante mestre, e essa degenerescência acarreta a produção da vergonha que anda de mãos dadas com a da impudência. Não é Lacan quem inventa essa imprudência: denuncia-se hoje em toda parte o seu cinismo e sua desfaçatez, mas, na verdade, é menos uma disposição subjetiva do que a consequência de uma mudança de discurso e de uma falência do significante mestre. O que é isso? Impudente é todo dizer que "se acha" [*se pose là*]. Impudentes, portanto, são todos aqueles cujos dizeres não se sustentam nem por um significante mestre (o mestre não era impudente), nem por um saber assegurado. Isso vai dos gurus de todos os tipos a especialistas de todos os tipos. Há um limite à impudência? A transferência, que supõe não um significante mestre, mas um sujeito ao saber, talvez seja uma, e isso abre uma questão sobre a eventual impudência do sujeito para quem essa crença durou por muito tempo — o analista.

E que não se imagine que a tese de Lacan seja reacionária. Ao construir a estrutura dos discursos na época da

OUTROS AFETOS 133

revolta antiautoritária de 1968, Lacan não vinha em socorro dos mestres, fossem eles quem fossem. Ademais, a revolta antiautoritária de 1968, e revolta não é subversão, gritando: "Abaixo os mestres", desconsiderava essa outra tirania que é a do saber. É que ao mestre é possível pedir contas, ao passo que o saber é indiscutível, ele dispensa qualquer justificativa e se impõe como vindo do real, notadamente quando se trata do verdadeiro saber da ciência, aquela ciência que chamamos de dura. Essa tirania também é redobrada em nossa época da ideologia pseudocientífica de tudo aquilo que se autoriza para assentar sua autoridade na competição dos produtos e das práticas. Daí a ascensão do reinado sem precedentes dos especialistas como novas figuras do sujeito suposto saber, e a invocação para fazer tudo da suposta cientificidade, em todos os campos, da gestão econômica e social às práticas terapêuticas.

Ao enfatizar a função do significante mestre, Lacan não pretendia restaurar os poderes do mestre. É o contrário. Em vez disso, ele enfatizava o fato de que o poder do mestre nunca opera a partir apenas da força bruta, mas a partir do verbo, pois o discurso é ordenado por um significante mestre, o qual não deve ser confundido com o mestre encarnado: ele não é um mestre, mas, antes se sustentaria a partir dele. Isso é tão verdade, que hoje os mestres em dificuldade de poder, nossos governadores, quando não sabem para que santo rezar, apelam para a autoridade dos textos legais como pseudotextos mestres e legislam a torto e a direito. É que, em matéria de degradação do significante mestre, o discurso capitalista não tem rival, dotado de um poder de destruição de que nenhuma insurreição contra o mestre conseguiria se aproximar. Se não sabíamos disso em 1970, parece que hoje entramos em contato direto com os desenvolvimentos da crise do capitalismo que avança... sem mestres, para o grande desgosto dos candidatos a mestre [à la maîtrise]. Daí a proliferação de especialistas em pseudolegibilidade cuja cacofonia mantém apenas a degenerescência em questão.

A tese, produzida no contexto dos anos 1970, acerca do discurso universitário, obviamente, tem um alcance que vai além, e seria preciso se perguntar se, a cada mudança de lugar, não há algo dessa degenerescência do significante mestre, em particular na análise. Ela se aplica, em todo caso, ao contexto mais geral do discurso capitalista. Lacan deu uma indicação nesse sentido, ao dizer que o estudante não está deslocado por se sentir irmão não do proletariado, mas do subproletariado, porque o proletariado é como era a plebe, a plebe romana: eram pessoas muito distintas, no mesmo nível do mestre, do mesmo lado, ao passo que o subproletariado eram todos os outros, aliás. Falei da angústia do proletário generalizado; poderia dizer, da mesma maneira: vergonha de viver de todos os súditos decaídos do principal laço social, e também, é claro, daqueles que escaparam dos campos, sobreviventes do colapso de um mundo na Segunda Guerra Mundial. Os testemunhos a esse respeito são múltiplos — Robert Antelme, Primo Levi, Imre Kertész e outros. Lacan acrescentava aí um capítulo aos seus comentários sobre o discurso do capitalismo: um discurso que produz vergonha de viver em virtude da degenerescência do significante mestre.

No entanto, discretamente, como que em surdina, Lacan parece prescrever aos estudantes a quem ele fala uma vergonha distinta, que não seja apenas vergonha de viver, uma vergonha referente à conduta deles de participação na degenerescência do significante mestre e que poderia eventualmente mudar algo — ter "um outro alcance", como ele diz.

OUTROS AFETOS

Uma boa vergonha possível, de certa forma, que faria passar ao ato de uma retificação da impudência vergonhosa, aquela que ele próprio poderia inspirar quando lhe ocorre de lhes "causar vergonha" com seu exemplo. Esse valor da vergonha foi percebido por outros, Kertész, por exemplo, ao se referir a Jaspers: "Não importa o que eu faça, sempre tenho vergonha; e ainda é isso o que há de melhor em mim"[35]. Encontramos aí, com relação à vergonha, o componente ético, sempre presente em todas as considerações de Lacan sobre o afeto.

Ressalto a especificidade da ótica de Lacan sobre esses grandes afetos que atravessam a história. Ela é particularmente legível acerca da vergonha, já tão amplamente comentada, de Heidegger antes de Lacan a Agamben depois, passando por Levinas e Sartre. A linha divisória diz respeito à dimensão ontológica. De Sartre, Lacan reteve a descrição desse momento em que o olhar do outro faz aparecer o mais real de meu ser, que chamamos de desejo ou gozo, esse momento em que Levinas percebeu justamente o intolerável do "fato de ser atado a si mesmo"[36], a um eu desconhecido, até mesmo recusado, mas de quem não se pode escapar. Só que, ao substituir a "ontologia" [*ontologie*] pela *vergontologia* [*hontologie*], Lacan não discorria sobre a primeira. É o contrário. *Vergontologia* não significa dizer que a vergonha é aquilo que é próprio ao ser, que ela assinala o encontro entre o falante e o ser, e até mesmo que ela seja essencialmente vergonha de ser como Heidegger sustenta. A *vergontologia* rebatizada de Lacan não se abre para o horizonte místico ou metafísico do Ser, mas para aquilo que não está no horizonte e que está francamente ali na experiência,

[35]KERTESZ, I. *Journal de galère*. Arles: Actes Sud, 2010, p. 118.
[36]LEVINAS, E. *De l'évasion*. Montpellier: Fata Morgana, 1982.

a partir de que a análise se motiva e com o que ela se confronta, a saber, aquilo a que cada falante está "unido" de fato: sua fantasia de desejo e o gozo opaco de seu sintoma. É, aliás, por isso que a vergonha nunca é puramente intrasubjetiva, um outro sempre está ali, não necessariamente para envergonhar, como quando se diz à criança: "Você não tem vergonha?", mas como presença, real ou imaginária, que condiciona a vergonha. Consequentemente, a vergonha, longe de ser um universal metafísico, é um afeto social, que tem suas formas históricas vinculadas ao discurso no qual ela se produz. Se ela tem como condição a degenerescência do significante mestre no capitalismo, aquela do estudante de 1968, e sobretudo daqueles que escaparam dos campos, certamente ela não é homóloga ao *aidos* antigo. E, sem dúvida, é preciso seguir a leitura de Kertész, um dos que manifestamente menos fez vibrar essa corda da vergonha do sobrevivente, quando ele reconhece na Shoá um começo absoluto — o que só é conceptível em termos de discurso, digamos: de cultura.

AFETOS ENIGMÁTICOS

PARA RESUMIR O EXPOSTO, é possível, portanto, declinar os diversos afetos, como tantos efeitos da estrutura. Sua variedade responde à diversidade desses efeitos, o efeito primeiro sendo o efeito de negativação: falta a ser, falta de gozar e falta em saber, aos quais respondem, na ordem, as paixões do ser e os afetos referidos à castração. Eles são diversos, da impotência ao horror. Acrescentam-se a eles os afetos ligados não àquilo que falta, mas àquilo que há, esses gozos supletivos, gozo fálico, gozo do sentido ou gozo do sintoma, e que sempre insatisfazem. Em todo caso, é sempre o corpo afetado pela linguagem que repercute em afetos subjetivos, em função, no entanto, do discurso de uma época e da ética do sujeito.

Lacan, contudo, acrescentou um novo capítulo à questão. A partir do momento em que ele retifica seu conceito de inconsciente, em *Mais, ainda* — identificando-o menos com o saber que se situa a partir da decifração do que com o saber depositado em *lalíngua*, o qual ultrapassa tudo aquilo que o ser pode enunciar disso e que se encarna no sintoma, um saber real, portanto, com a dupla característica de fora de sentido e de substância gozante —, ele então amplia a paleta de afetos didáticos e, de certa forma, subtrai da angústia o monopólio que ele lhe atribuíra.

Com efeito, ele primeiro avançou nessa tese do afeto didático com relação à angústia, afeto que não engana, pois permanece amarrado àquilo que o causa, como disse.

Ele então fez dele um afeto de exceção, capaz de manifestar o que o significante não revela; primeiro esse objeto a-fenomenológico que faz um furo no Outro que é o objeto *a*, e mais amplamente o real fora de sentido em suas diversas formas. O que equivalia a dizer, de forma condensada, que a angústia é o afeto do real, ao mesmo tempo daquilo que é real no simbólico, ou seja, o impossível de escrever no Outro, e daquilo que está fora do simbólico, o campo do ser vivo. Estávamos em 1962-1963. Dez anos mais tarde, *Mais, ainda* estende a tese a outra série de afetos, chamados de enigmáticos, e que também respondem, no sujeito, à abordagem de um real do qual eles testemunham.

12

Prova pelo afeto

Evocar, como fiz, uma "prova pelo afeto" pode parecer paradoxal, pois o afeto é sentido, percebido, pode até ser um objeto de empatia, e até mesmo ser contagioso, mas ele não argumenta. Ademais, ele próprio é sempre difícil de se definir sem as palavras que o nomeiam e provêm da linguagem.

A tese do inconsciente linguagem era suficientemente baseada na técnica da decifração — mesmo que Lacan tenha chegado à conclusão de que essa decifração é "elucubração" hipotética e parcial. O que não impede, contudo, que aquilo que se decifra se assegure pelo significante, produz respostas que não são inefáveis, que podem ser transmitidas a outros, e que fundam aquilo que há de diálogo e troca nas comunidades analíticas, nas apresentações de casos, assim como nas supervisões. Por outro lado, a tese de *Mais, ainda* propõe um inconsciente saber, mas saber indecifrável, por mais longe que se possa decifrar. "O real, eu diria, é o mistério do corpo falante, o mistério do inconsciente"[1] e *lalíngua* é o lugar do saber que afeta o corpo e cujos efeitos ultrapassam tudo o que pode ser enunciado. Consequentemente, o que

---

[1] LACAN, J. (1972-73). *O seminário, livro 20: Mais, ainda*, op. cit., p. 178.

OS AFETOS LACANIANOS

se decifra cai sob a influência do veredicto de elucubração, como tentativa para saber o que acontece com os efeitos de *lalíngua*.

Obviamente, a tese deve ser fundada. Com efeito, como garantir que o saber de *lalíngua* opera sobre o gozo ao passo que ele, esse saber, é essencialmente insabido pelo sujeito e, além disso, ignorado fora da psicanálise lacaniana? A decifração não assegura nada, pois ela só poderia ser saber fictício, inventado e sem apreensão.

Lacan encarou a questão, particularmente em *Mais, ainda* e os textos posteriores, em particular, e de maneira muito clínica, em sua "Conferência de Genebra sobre o sintoma", em 1975. Tive a oportunidade de desenvolver suas respostas, detenho-me aqui em apenas uma delas, aquela que recorre aos afetos. Mas não a todos, somente aqueles que ele chama de enigmáticos. O ser falante, cito, "dá oportunidade de perceber até onde vão os efeitos de *lalíngua*, pelo seguinte, que ele apresenta toda sorte de afetos que restam enigmáticos. Esses afetos são o que resulta da presença de *lalíngua* no que, de saber, ela articula coisas que vão muito mais longe do que aquilo que o ser falante suporta de saber enunciado"[2].

Isso equivale a dizer que esses efeitos enigmáticos, os efeitos do saber insabido de *lalíngua*, são reveladores. Eles se tornam provas do saber de *lalíngua* enquanto saber insabido — digamos: provas do *inconsciente-lalíngua* irredutível. O afeto enigmático, ao contrário da angústia, não testemunha o que escapa ao significante, o objeto *a* em particular; ele testemunha um saber, mas de onde o sujeito está ausente e que nenhuma decifração, por mais longe que ela seja levada, nunca esgotará. É preciso dizer, portanto, às avessas da

[2] *Ibid.*, p. 190.

PROVA PELO AFETO 143

frase freudiana: "Ali onde estava o saber de *lalíngua*, eu não poderia advir"!

Essa impotência constitui o irredutível dos afetos enigmáticos. Vemos a diferença para com a tese do afeto enganador, posto que ele está desconectado das inscrições de origem no recalque freudiano. O enigma do medo de entrar nas lojas na pequena fóbica de Freud se encontra, de fato, reduzido ao término da decifração. Ali está o encadeamento significante que dá prova e até mesmo transmissão e que revela o ponto de ancoragem do afeto original. Mas é um fato: uma análise não reduz os afetos imprevisíveis de um sujeito.

Em sintonia ou discordantes

Nem todos os afetos são enigmáticos e nem todos, sem dúvida, devem ser relacionados com os efeitos do inconsciente. Sem sequer decidir sobre a questão de saber se há afetos típicos programados pelo real do efeito negativante da linguagem do qual ninguém escapa, certo é que cada discurso, aquilo que Freud chamava de civilização, que ordena os laços sociais, produz afetos típicos em que todos os seus sujeitados se reconhecem. Longe de achá-los enigmáticos, eles imaginarão, antes, que entendem suas razões. Que uma perda, de um ente querido, de uma situação etc., tenha efeitos de dor, não surpreenderá ninguém, por exemplo. O contrário, por outro lado, seria surpreendente, tanto a ordem do discurso, ao ordenar as experiências compartilhadas, também programa os afetos compartilhados — digamos: concordantes. Ele faz mais do que programá-los, às vezes os organiza em grandes manifestações de comunhão afetiva nos enormes agrupamentos da música, da religião, da nação etc.

Isso significa que os afetos enigmáticos em questão são os efeitos particulares, próprios de cada um, aqueles que não caminham do mesmo modo para todos? Em todo discurso, existem afetos que eu poderia chamar de dissidentes, pois todo discurso produz uma diferença entre as satisfações e as insatisfações que gera. Esse é o resultado daquilo que Lacan chama de barreira entre o gozo produzido no laço social e a verdade do gozo próprio de cada um. Por isso, o inconsciente individual e a verdade de gozo que ele implica preside afetos não compartilhados. O discurso ordena muitas fantasias, até sintomas padrão; o capitalismo inclusive chegou a industrializar a fantasia. Mas a psicanálise lida com a singularidade única de cada *falasser*, com o saber inconsciente que lhe é próprio, assim como com suas posições éticas e suas traduções de afetos. Essa disparidade de um com o outro, quer a relacionemos com a fantasia ou com o sintoma, explica o motivo do "não diálogo" que reina duramente entre os seres, a despeito de todos os ideais da comunicação. Consequentemente, os afetos do outro, do parceiro ou, de forma mais geral, dos outros, muitas vezes parecem de fato estranhos, até mesmo insuportáveis. Mas, para o afetado, eles são óbvios mesmo, como disse, e ele os confunde naturalmente com sua própria verdade.

No entanto, que o outro me seja eventualmente enigmático não seria suficiente para estabelecer que é *lalíngua* que, em última instância, afeta. O afeto enigmático se torna um signo dos efeitos de *lalíngua* somente quando constitui mistério, não para os outros, mas para o próprio sujeito. Em outras palavras, cada vez que seus próprios afetos lhe parecerem incompreensíveis, cada vez que ele não consegue dar conta deles por meio do contexto, cada vez que seu humor excede as razões que ele pode dar disso — enfim, cada vez que ele não consegue se referenciar ali. Há, para cada sujeito, uma espécie de posição afetiva que lhe é própria, familiar, como uma cor da realidade na qual ele se reconhece. A que ela se deve, senão à constância da fantasia que impregna toda a sua realidade? E o sujeito não fica surpreso, mesmo que ele desconheça sua fantasia. Ele poderia, antes, dizer: "Eu sou bem isso".

A bem dizer, os afetos da singularidade se desdobram entre segurança e incredulidade. Aqueles decorrentes da constância do postulado fantasmático são, de fato, muito assegurados, ligados à interpretação não menos assegurada da realidade que é a fantasia. Sua constância se traduz naquilo que acabei de chamar de posição afetiva própria de cada um e pode ser colocada numa frase: ser rejeitado, batido, comido vivo, maltratado, espiado, amordaçado, pisoteado, manipulado etc. Todas põem em jogo o *status*, ou melhor, a imaginarização do objeto. Isso vai do sentimento histérico de ser excluído por um Outro que não lhe dá espaço ao sentimento paranoico de ser visado por um Outro malvado. E aquele que habita a fantasia "Uma criança é espancada", à qual Freud deu grande importância, será espancada aconteça o que acontecer, em todos os níveis, erótico ou moral. Nesse sentido, é possível falar da garantia de que o sujeito adquire de sua fantasia, mesmo que ela não pareça muito reconfortante.

Acrescento uma reserva àquilo que disse na abertura, a saber, que o afeto não é aliado da interpretação. É verdade. Não obstante, a constância garantida dos afetos ligados à frase do postulado fantasmático contribui a longo prazo para fazê-lo perceber, ou mesmo inferir, aquilo que Freud evocava ao falar de "construção". Os afetos derivam na cadeia dos significantes, exceto aqueles que não se relacionam com os significantes, mas com o objeto indizível na primeira fila da qual está a angústia, é claro, a qual está amarrada. Mas a angústia está ligada à temporalidade das

OS AFETOS LACANIANOS

conjunturas de encontro, ao passo que a posição afetiva que se significa em todos os ditos do sujeito é uma constante de gozo-sentido [*joui-sens*].

Pelo contrário, a discordância de certos afetos imprevisíveis, discordantes aos olhos do discurso, assim como da fantasia, e com o qual o próprio sujeito pode apenas se surpreender, dá prova de outra origem, ou seja, do saber de *lalíngua*, irredutivelmente insabido.

O sujeito que começa uma análise espera que, no final, ele não conheça mais afetos discordantes, mas apenas afetos em sintonia com a situação do momento. Não é esse o caso, e isso nunca foi a tese de Lacan, como disse. Já em seu discurso na EPF, em 1967, ele observava, a propósito do sujeito dividido que se constrói na análise, que no fim, ele permanece sujeito a "afetos imprevisíveis"[3]. Em resumo, o inconsciente-linguagem eu decifro, hipoteticamente; o inconsciente-*lalíngua* indecifrável, eu o experiencio em sintomas e em afetos subjetivos incalculáveis.

Enigmas reveladores

Lacan, portanto, chegou a conferir a esses afetos o alcance epistêmico que ele havia reconhecido na angústia uma década antes. Não posso saber nada disso, no sentido próprio, que não tenha a estrutura da linguagem, mas aquilo que excede essa estrutura está presente em mim por meio dos afetos: pela angústia, quando é o objeto *a* ou o real fora do simbólico, pelos afetos enigmáticos quando se trata de *lalíngua*.

O fato de os sintomas se formarem numa época precoce do aprendizado da linguagem e dos primeiros encontros de

---

[3]LACAN, J. (1967). Discurso na Escola Freudiana de Paris. In: *Outros escritos*, op. cit., p. 283.

gozo traumáticos, e de eles não serem interpretados sem as associações do sujeito, milita também pela tese. O sintoma, com efeito, é gozo corporal afetado, como disse, mas também do saber gozado e que repercute na enxurrada de afetos subjetivos enigmáticos. Não necessariamente de maneira desconfortável, já que há essa "outra satisfação" que mencionei, a do *blablá*, bastante enigmática ela também, que flutua à medida que algo se diz e não se diz sem que se saiba por que, e que não tem nada a ver com a satisfação do pseudodiálogo. Mais solitário e não devendo ser confundido com o outro gozo que Lacan atribui à mulher no mesmo seminário. A satisfação obviamente não é gozo. Trata-se de um fenômeno do sujeito, não de um fenômeno do corpo. Ele "responde", no entanto, esse é o termo de Lacan, ao gozo, mais precisamente ao saber gozado de *lalíngua* que a fala aloja.

Há aí um acréscimo capital à tese clássica da psicanálise sobre o afeto enganador. Aqui algo totalmente diferente: o efeito revelador que adquire, pois, um alcance de testemunha epistêmica. O afeto enigmático se torna o signo do ICSR como saber falado de *lalíngua*. Ele faz um signo, signo de que um saber insabido está ali, que o causa e que confere às palavras, aliás, um alcance diferente de acordo com os sujeitos. Esse signo certamente não garante uma transmissão de saber, precisamente porque o saber falado de *lalíngua* não é o da ciência. Em contato vivo e ativo com o corpo, ele está no nível do gozo.

O enigma do saber

A tese de Lacan é complexa e merece ser elucidada. No início da última lição de *Mais, ainda*, depois de ter relido as transcrições das lições anteriores, Lacan reenquadra o objeto de seu seminário: era menos, diz ele, o amor e o gozo, os quais, no entanto, prenderam a atenção, do que... o saber, pois "o saber, ele é um enigma"[1].

A expressão é bastante paradoxal. Ele é assim por si só, pois acredita-se prontamente que o saber justamente, longe de ser enigmático, é ele que permite reduzir os enigmas e, portanto, fazer consenso. Em todo caso, quando se trata do saber da ciência: ali onde se sabe, sai-se do enigma; além disso, a autoridade do saber, quando ele é estabelecido, é indiscutível, ela se impõe a todos. Ela não é menos surpreendente em relação à ênfase principal daquilo que vem antes no ensino de Lacan — a saber, o ideal de cientificidade e de transmissão integral que ele tantas vezes propôs como modelo, que ele reafirma nesse seminário e que ele pôs em prática com sua tentativa de criar matemas da psicanálise. É verdade que o seminário *Mais, ainda* marca um

---

[1]LACAN, J. (1972-73). *O seminário, livro 20: Mais, ainda*, op. cit., p. 188.

movimento: "O truque analítico não será matemático"[2], e Lacan sublinha que ele propõe seus próprios matemas apenas de um ângulo depreciativo. É um veredicto.

Obviamente, não se trata de qualquer saber, mas daquele do inconsciente. "A análise veio nos anunciar que há saber que não se sabe, um saber que se baseia no significante como tal"[3]. É aí que Saussure, o Saussure dos anagramas, esperava por Freud. De fato, a ciência nos acostumou à ideia de um saber no real, uma vez que suas fórmulas asseguram uma influência sobre a matéria, ao passo que elas próprias são feitas de elementos puramente formais, letras e números. Isso significa que o conjunto de elementos formais que é a estrutura diferencial do significante com o qual a psicanálise lida é suficiente para produzir um saber? Lacan responde pela negativa: "O saber é o que se articula"[4] certamente nos ditos da fala, daí a noção de um saber falado, ele tem sua morada na língua, mas não basta um conjunto de significantes fazer o que chamamos de saber, pois o saber se situa no nível do gozo. A fórmula do enigma é que o saber se goza.

O significante basta à informação que se transmite, mas não basta ao saber. O saber do inconsciente é do significante, do elemento formal, certamente, mas que se goza. Nesse sentido, não seria possível dizer que um computador sane, mesmo que ele esteja configurado para pensar. É a mesma distinção entre o saber e a informação que funda o gracejo de Lacan acerca dos frequentadores da École Normale Supérieure que não sabem nada, mas que o ensinam admiravelmente. "Ali, no gozar, a conquista [do] saber se renova a

[2]*Ibid.*, p. 159.
[3]*Ibid.*, p. 129.
[4]*Ibid.*, p. 188.

cada vez que ele é exercido"[5]. A tese poderia interessar tanto aos pedagogos quanto aos psicanalistas quando eles tratam das chamadas dificuldades escolares, pois "o ensino [pode ser] feito para estabelecer uma barreira ao saber"[6]. Sem essa definição do saber, cujo significante é apenas uma condição necessária, mas não suficiente, do saber como verbo gozado, é impossível compreender a função de *lalíngua*.

Como se passou do verbo que afeta o gozo vivo, a primeira parte da tese de Lacan, para o verbo gozado que a ele se acrescenta? É um grande passo. A primeira tese da linguagem operadora sobre o gozo vivo é antiga em Lacan. Vai dos efeitos da demanda que transforma a necessidade em uma pulsão até o gozo civilizado por *lalíngua*. Ela caminhava de mãos dadas com uma ideia do inconsciente constituído por traços unários, que marcou as primeiras experiências de gozo, de trauma a prazer delicioso, mas ela não colocava em questão a heterogeneidade dos dois registros da linguagem e do gozo. Simplesmente dizia que a linguagem não deixa o ser vivo ileso, mas modela seu gozo introduzindo nele perda e fragmentação. A tese do saber gozado, ao contrário, reduz essa heterogeneidade ao reconhecer que os elementos de linguagem que provêm de *lalíngua* têm o *status* de objeto gozado. Isso é muito diferente e as implicações epistêmicas e éticas são imensas.

Surge, no entanto, uma questão: como o gozo chega ao elemento formal, ao significante? Essa é, de fato, uma questão sobre a constituição do saber inconsciente. Essa coalescência de gozo e do significante têm regras de formação ou ao menos conjunturas propícias?

---

[5]*Ibid.*, p. 130.
[6]LACAN, J. (1970). Alocução sobre o ensino. In: *Outros escritos*, op. cit., p. 303.

O ENIGMA DO SABER

Originalmente, para cada um, *lalíngua* vem do meio sonoro do discurso em que a criança pequena a quem se fala se banha. Essa *lalíngua* materna que acompanha os primeiros cuidados com o corpo a afeta, tudo indica, antes que seus sons adquiram sentido. Seu elemento diferencial básico não é a palavra, mas o fonema sem nenhuma espécie de sentido. O balbucio — *lalação*, diz Lacan — que ecoou nela testemunha uma combinação entre o som e a satisfação, anterior à aquisição de qualquer sintaxe ou semântica da linguagem. Não há pré-verbal, Lacan teria suficientemente insistido no tema, mas pré-discursivo sim, *lalíngua* não sendo a linguagem. Ela não é aprendida, mas envolve o pequeno com seus sons, ritmos, eclipses de silêncio etc., e é justificado dizer que ela é materna, pois está sempre ligada ao corpo a corpo dos primeiros socorros, aqueles mesmos dos quais Freud marcou a importância para as consequências da vida amorosa. Ela será esquecida nas aprendizagens desmaternalizantes da linguagem ortográfica correta, mas não se pode ignorar que seus traços constituem o núcleo mais real — fora de sentido — do inconsciente. Para cada um, o peso das palavras permanecerá ancorado na erotização conjunta do corpo e dos sons desse momento de entrada no banho da linguagem, e elas não terão para cada um o mesmo alcance, não somente de sentido, mas de satisfação. Prova disso é o poeta alimentado por palavras e "devorado pelos versos", mas também a análise em que *lalíngua* emerge em todos os tipos de tropeços epifânicos, eles também discordantes e que às vezes permitem tocar o mais real do sintoma. O inconsciente-*lalíngua* é um "saber falado", mas eu "falo com meu corpo"[7], a partir do

---

[7]LACAN, J. (1972-73). *O seminário, livro 20: Mais, ainda*, op. cit., p. 161.

momento em que os elementos de *lalíngua*, como tais, afetam o corpo de gozo. Nada a ver com o saber da ciência, que foraclui o sujeito e que é, antes, escrito. Disse saber insabido, mas ele tem suas testemunhas: os afetos enigmáticos aos quais dou ênfase, mas sobretudo o sintoma que Lacan, muito cedo, disse que se escrevia em letras de carne. Trata-se de uma formação de saber — em outras palavras, do verbo gozado, própria de um dado *falasser*.

No entanto, há mais no enigma do saber. "A fundação de um saber é que o gozo de seu exercício é o mesmo do da sua aquisição"[8]. Eis novamente uma dessas frases paradoxais próprias em marcar a distância entre o saber no senso comum e o saber inconsciente. Para o primeiro, admite-se e constata-se que sua aquisição eventualmente custa muito, em todos os sentidos do termo, mas não se duvida que, uma vez adquirido, o sujeito se beneficia dele e o utiliza em seu benefício. O que essa equivalência entre o gozo da aquisição e o do exercício pode significar para o segundo? Apenas uma coisa, em minha opinião: sem perda, sem entropia. Um significante que passa ao gozo em sua aquisição, isto é, que se torna elemento de saber, será gozado com um mesmo gozo, sem perda, portanto, no exercício do saber. Aí está outra surpresa ainda para quem se lembra da insistência que Lacan havia demonstrado até então no efeito entrópico do significante, no fato de que, a partir do momento em que há Um que indexa uma experiência ainda não marcada, quer você o chame de traço unário ou significante, há perda, entropia. O Um causa a subtração de *a*, o seminário *De um Outro ao outro* insiste nisso, e a partir daí a perda se perpetua no gozo... da repetição.

---

[8] *Ibid.*, p. 131.

Sem dúvida, as duas teses devem ser concedidas. Para isso, basta convocar a "bipolaridade [...] do verdadeiro saber"[9]: de um lado, os traços unários produtores de perda, ou seja, o inconsciente que trabalha para supor um sujeito, culpado do gozo castrado que "exerce a função do sujeito"[10] e que não cessa de se repetir; de outro, o saber incomensurável de *lalíngua*. Lacan avança aí que seus elementos, quer os chamamos de letras ou signos, são gozados e re-gozados, se assim posso dizer, sem perda. Essa é uma constante diferente daquela da fantasia do gozo-sentido [*joui-sens*], ela reside justamente naquilo que faz suplência à relação sexual — a saber, o sintoma fundamental colocado no singular.

O sujeito é bipolar dividido entre S_1 e S_2, mas o saber inconsciente também é bipolar:

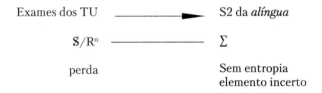

Exames dos TU ⟶ S2 da *alíngua*

$\text{\$}/R°$ ——— Σ

perda   Sem entropia elemento incerto

---

[9] LACAN, J. (1970). Radiofonia. In: *Outros escritos*, op. cit., p. 423.
[10] LACAN, J. (1973). ...Ou pior. In: *Outros escritos*, op. cit. 548.

14

A produção do incrédulo

É possível abordar clinicamente os afetos gerados especificamente por esse saber, pelo que Lacan chama de "o gozo próprio do sintoma. Gozo opaco, por excluir o sentido"[1]? Como já disse, os afetos da fantasia participam de uma familiaridade reconfortante, mesmo quando a frase do sintoma carrega preocupação. Nada semelhante com aqueles gerados pelo gozo opaco, quando ele é sentido, pois promove, antes... a incredulidade, o não reconhecimento. O do sujeito e também das testemunhas. Os afetos da incredulidade respondem ao real dos efeitos de *lalíngua*. Nem todos os efeitos de *lalíngua* são reais, pois ela também opera no imaginário e no simbólico. Mas *lalíngua* em si mesma é real, como disse, e opera, ademais, realmente no real para produzir o sintoma. Diz-se às vezes, quando algo incrivelmente real acontece: "Mas não é verdade! Não se pode dizer de forma melhor. O real se define pela "antinomia com qualquer verossimilhança"[2], cito aqui o "Prefácio". Isto é, ao mesmo tempo, que ele não provém da verdade, da história, do *histoeriazinha*

---

[1]LACAN, J. (1975). Joyce, o Sintoma. In: *Outros escritos*, op. cit. p. 566.
[2]LACAN, J. (1976). Prefácio à edição inglesa do *Seminário 11*. In: *Outros escritos*, op. cit., p. 569.

A PRODUÇÃO DO INCRÉDULO

[*hystoriole*] do sujeito e que não pode passar à verdade. A fantasia como frase, por sua vez, está do lado da verdade, ele confere a verdade de todos os ditos de um falante. O real, pelo contrário, faz limite à subjetivação possível da história e produz o incrédulo.

A incredulidade, que consiste em não acreditar, é uma posição que Freud colocou na origem da psicose. *Unglauben*. Um "não acreditar nisso" que advém de uma foraclusão, de uma falta de significante. Mas o que é acreditar nisso? Por fim, penso que é importante distinguir dois "acreditar nisso", respondendo às duas definições de real. Ali onde está o furo do simbólico, aquilo que Freud percebeu com a noção de recalque originário (RO), a falta significante é o que sustenta a crença: ali onde o significante sai de campo, fomenta-se, inventa-se aquele que poderia dizer algo — o *deuzer* [*dieure*], como escreve Lacan. É por isso que ele afirma que o recalque originário é Deus em pessoa, em que Deus faz ninguém, e é por isso que também falei da "religião do furo"[3] para designar teologias negativas, aquelas que recusam qualquer predicação sobre Deus, mesmo a de seu dizer.

Mas quando se trata do real fora do simbólico, é outra coisa. Lacan evocou o acreditar no sintoma. Aquele que lhe apresenta um sintoma acredita nele. Em que sentido? Ele acredita que ele pode dizer alguma coisa. Essa seria uma outra forma da transferência. O postulado do sujeito suposto saber (SsS) implica que acreditemos que as manifestações do inconsciente podem dizer algo — em outras palavras, que elas têm um sentido. E o que chamamos de queda do SsS consiste em cessar de acreditar nisso, em cessar, portanto,

[3]SOLER, C. (2010). L'exit de Dieu, ou pire. In: *Champ lacanien, Revue de l'EPFCL-France*, n. 8, 2010.

OS AFETOS LACANIANOS

de esperar que ele diga algo verdadeiro, seu sintoma fundamental. Fim da miragem da verdade. Nesse sentido, a análise termina apenas produzindo um incrédulo. Sutileza, no entanto: passar da crença transferencial ao incrédulo é uma passagem para o saber. Não qualquer saber, o saber que o ICSR é, é saber que se goza no real, fora de sentido. Essa passagem é a condição para que alguém possa se identificar aí com o sintoma, com essa constante à qual não se pode acreditar, e que, no entanto, se impõe, se vivencia, tanto na exultação quanto no fascínio, quando se trata do Joyce de *Finnegans Wake*, ou, pelo contrário, de maneira mais geral, no horror ou na execração. A menos que... no final, não se consiga torná-la sua, às vezes mesmo sem entusiasmo.

Apesar disso, os "efeitos de *lalíngua*, que já estão lá como saber"[4], não se limitam a essa *fixão* de gozo do sintoma, todos os tipos de afetos... enigmáticos se acrescentam isso. Chego, portanto, à prova pelo afeto.

---

[4]LACAN, J. (1972-73). *O seminário, livro 20: Mais, ainda*, op. cit., p. 190.

O amor de novo

15

Lacan aplica isso até mesmo ao amor, fazendo dele aquilo que chamei de amor que sabe. Insisti nisso, há, nos ensinamentos de Lacan, algo como um processo do amor que afirma a antinomia da cena em que o amor faz um grande barulho, e do real em que ele se arruína. Trata-se não somente de um inventário que faria um balanço: são julgamentos éticos. Eles são numerosos sob a pena de Freud e de Lacan. Reconhecem, no amor e no gosto que temos por ele, uma figura do desconhecimento do real, amigo da paixão da ignorância que não quer saber nada disso.

Em contraste, em *Mais, ainda*, o amor recebe nova luz[1]. Lacan faz dele algo como um detector, um sinal, um afeto do inconsciente. "Televisão" retorna a ele; depois de mencionar o fracasso da relação sexual, Lacan observa que aquilo que conta para o amor é o signo. *Mais, ainda* precisava: signo de uma percepção do inconsciente e de seus efeitos subjetivos sobre o sujeito. Cito:

> Para abrir agora o postigo, direi que o importante do que revelou o discurso psicanalítico consiste no seguinte, de que

[1] Remeto às páginas 180 e seguintes de meu livro *Lacan, o inconsciente reinventado*, op. cit.

é de se espantar não se ver o fio por toda parte, é que o saber, que estrutura por uma coabitação específica o ser que fala, tem a maior relação com o amor. Todo amor se baseia numa certa relação entre dois saberes inconscientes. [...] Falei em suma do reconhecimento, do reconhecimento, a signos sempre pontuados enigmaticamente, da maneira pela qual o ser é afetado enquanto sujeito do saber inconsciente.[2]

Não há relação sexual, mas... uma relação de amor possível que, dessa vez, reconhece o outro, mais precisamente a maneira pela qual o saber inconsciente o afeta. "Não há relação sexual porque o gozo do Outro, tomado como corpo, é sempre inadequado — perverso de um lado, no que o Outro se reduz ao objeto a — e de outro, ei direi louco, enigmático". Mas o amor é colocação à prova do "defrontamento com este impasse"[3].

O mistério do amor não é reduzido, mas relacionado ao seu fundamento inconsciente. Que esses "signos pontuados enigmaticamente" sejam os sintomas de gozo ou a maneira pela qual o sujeito ético responde a eles, em ambos os casos, o enigma do amor, reconhecido desde sempre, torna-se um revelador dos impasses do inconsciente como saber que está lá, insabido, obscuramente apreendido, e que constitui uma barreira à relação sexual. Ele é índice não de uma intersubjetividade, mas de um inter-reconhecimento entre dois *falasseres*, constituídos por duas *lalínguas*. Uma sensibilidade que registra algo como uma afinidade, o que não quer dizer uma identidade entre os efeitos de dois inconscientes, no entanto, incomensuráveis. Somente o afeto, com efeito,

---

[2]LACAN, J. (1972-73). *O seminário, livro 20: Mais, ainda*, op. cit., p. 197.
[3]*Ibid.*

pode constatar o inconsciente de que Lacan fala nessa época, pois ele não procede do simbólico, é o ICSR, fora de sentido, da "*moterialidade*" gozada.

As surpresas do amor, em si mesmas muito estranhas, são iluminadas, mas paradoxalmente, portanto, como signos de um outro enigma, o do inconsciente. Nem o caráter repetitivo do amor, percebido por Freud, nem a referência à fantasia, permitem dar conta dessas escolhas eletivas, mas discordantes, que às vezes reúnem seres perfeitamente desparelhados em relação aos semblantes que os regem: parecem desafiar qualquer explicação. O encontro das duas *lalínguas*, essas duas "obscenidades" que perpetuam, para cada um, as contingências originais dos primeiros anos, permite, pelo contrário, esclarecê-las. Esse é a última mola propulsora da singularidade.

Não é de admirar, portanto, que o último capítulo do seminário *Mais, ainda*, que se abria com o enigma do saber, termine repentinamente com sua revelação por meio do amor como um afeto enigmático.

AFETOS ANALÍTICOS

SE A PSICANÁLISE LACANIANA renova a abordagem dos afetos, ela não pode evitar se interrogar também sobre aqueles produzidos por seu discurso, uma vez que há afetos dominantes peculiares a cada discurso.

Isso não se opõe à *"varidade"* [*varité*] de cada análise, para retomar o termo por meio do qual Lacan condensa "verdade" [*vérité*] e "variedade" [*variété*] para indicar que a verdade nunca é comum. Freud martelou e Lacan volta a isso — não há duas análises semelhantes. Cada uma "revela ao analisante [...] o sentido de seus sintomas"[1], mas não há senso comum dos sintomas, mesmo que sejam típicos. O bom senso, o senso bom, gerado pelo discurso comum, é cômico aos olhos daquilo que eu poderia chamar de contrassensos do inconsciente. Não obstante, a análise que submete o sujeito à questão de seu mais-de-gozar, que o impele para a revelação daquilo que ele não quer saber sobre si mesmo e das consequências do inconsciente, que supõe a relação com o sujeito suposto saber e que, ao mesmo tempo, programa sua queda, ninguém o contesta no movimento analítico, tal discurso não pode deixar de gerar uma paleta de afetos não aleatórios, os quais, uma vez a análise iniciada, não procedem mais apenas da particularidade dos casos. O principal desafio sendo saber quais são os efeitos do final de análise que fazem seu balanço.

---

[1] LACAN, J. (1973). Introdução à edição alemã de um primeiro volume dos *Escritos*. In: *Outros escritos*, op. cit. 553.

Os afetos de transferência

16

Tudo começa com a questão da transferência. Lacan deu muita importância a isso, a análise não somente traz coisas novas sobre o amor, os estudos de Freud sobre a psicologia da vida amorosa testemunham isso, mas, cito, "a transferência é amor, sentimento que assume aí uma forma tão nova, que esta introduz a subversão". É um amor "que se dirige ao saber"[1]. Com essa expressão, Lacan condensa a dimensão sentimental da transferência, o apego ao analista que Freud descobriu para sua surpresa e o intuito epistêmico de revelação do inconsciente. Esse amor manifesta, de início, sua diferença: ao contrário de qualquer outro, nós o constatamos, ele está a espera menos de um efeito de ser do que... de interpretações — no que ele simplesmente não reitera os amores infantis e sua decepção, como acreditou Freud. E os analisandos, às vezes, se queixam: "Mas você não diz nada!". Sua subversão deve-se, com efeito, ao fato de que ele "dá para si um parceiro que tem a chance de responder"[2], o analista, intérprete mediador do saber que se deposita na experiência. O "não há diálogo", que é o destino comum dessas

[1] *Ibid.*, p. 555.
[2] *Ibid.*

unaridades que são os *falasseres*, encontra aí seu limite. O amor de transferência não é, portanto, o amor de sempre.

O velho amor, Freud viu claramente, se dirige ao significante Uno sob suas diversas encarnações, o mestre, o chefe, o padre — ver "Psicologia coletiva e análise do Eu". Ele se dirige à unaridade de um outro portador do significante mestre, de que ódio e velho amor são justamente os pais. O novo amor, por sua vez, convoca o dizer do analista e, portanto, se dirige ao saber em elucidar que escrevemos S_2. Se Lacan, citando Rimbaud, pode falar, com razão, de um novo amor a cada mudança de discurso, e até mesmo reconhecer aí uma emergência do discurso analítico, é que todo discurso novo se funda a partir de um dizer novo, fazendo esperar uma resposta nova. Obviamente, da esperança à realização possível há toda a distância dos diversos discursos com o da análise.

É lógico que a paleta dos afetos sob transferência responde àquilo que é prometido a esse amor de saber, àquilo que se deposita por meio da decifração e da produção de sentido subsequente, assim como ao seu topar com o real impossível de decifrar, impossível de fazer passar à linguagem. Os diversos afetos de transferência não são contemporâneos uns dos outros; na maioria das vezes, eles se ordenam no tempo. Lacan observou isso desde "A direção do tratamento" com relação a seus contemporâneos, distinguindo na relação de transferência o enamoramento primário do início da análise, a frustração fundamental do período segundo e, no final, "a trama de satisfações que torna essa relação tão difícil de romper"[3]. Ele retomava aí os termos em curso no

---

[3]LACAN, J. (1958). A direção do tratamento e os princípios de seu poder. In: *Escritos*, op. cit., p. 609.

OS AFETOS DE TRANSFERÊNCIA

debate que mencionei, e fazia alusão ao entrave depressivo ou que protesta no fim sobre o qual Freud se deteve.

A expectativa

De fato, o primeiro afeto da entrada em análise — não digo do encontro com um analista — primeiro, às vezes, na temporalidade da cura, mas mais essencialmente em sua lógica, a partir do momento que a transferência supõe o saber, não é frustração, mas a expectativa [*attente*], e até mesmo uma expectativa perto da esperança [*espoir*]. "A transferência é uma relação essencialmente ligada ao tempo e a seu manejo"[4]. A frustração só vem em segundo lugar, quando a expectativa topa com a decepção, na qual toda a questão é saber se ela depende do manejo ou da estrutura.

A expectativa é uma forma do desejo. Mas expectativa de quê? Há várias maneiras de dizer isso, de acordo com os estratos da elaboração estrutural: expectativa de que o saber suposto por meio da transferência torne-se revelado. Se quisermos dizer isso nos termos de Freud, expectativa de que o recalque seja suprimido, supostamente curativa. Expectativa de que a questão do desejo, *che vuoi?*, receba a sua resposta, expectativa de que a "equação do desejo" encontre sua "solução", que a questão do objeto e do mais--de-gozar se esclareça. "Espera do advento desse ser"[5] que nada mais é do que ser do desejo.

Resumindo, expectativa de saber na demanda de interpretação, mas de saber não qualquer coisa, de saber aquilo que de seu ser de desejo ou de gozo causa os diversos

---

[4]LACAN, J. (1960). Posição do inconsciente. In: *Escritos*, op. cit., p. 858.
[5]*Ibid.*

sofrimentos sintomáticos do sujeito. Essa expectativa assume, muitas vezes, mas nem sempre, a forma do enamoramento, pois ela não se dirige somente ao saber suposto do inconsciente, mas a um sujeito suposto a esse saber, e do qual ela espera respostas. Aquele a quem eu suponho o saber, eu o amo e lhe demando, portanto, além de saber, amor. O dizer analisante é demanda, pois, quaisquer que sejam seus ditos, que não são todos ditos de demanda, e a expectativa é a modalidade temporal dessa demanda.

É que, da demanda por amor à demanda dirigida ao saber, a diferença é grande. Para a primeira, intransitiva, que não demanda nada de particular, nenhuma resposta pode atenuá-la, com todo respeito a Ferenczi. É por isso que a abstenção preconizada por Freud permanece necessária. Não ocorre o mesmo com a demanda dirigida ao saber, a qual, por sua vez, não somente pode ser satisfeita, mas o é para cada *eureka* da análise. Essas *eureka* são de dois tipos, de acordo com a formulação de uma verdade ou que significantes do inconsciente se decifrem, mas em cada caso, com a surpresa da descoberta, a satisfação está ali.

A expectativa de transferência se declina, portanto, em variantes afetivas diversas: ela, muitas vezes, assume a cor da esperança, às vezes se erige em euforia transitória, reiterada a cada descoberta de um pedaço de verdade; ela sustenta os gozos de decifração, ou, pelo contrário, assume as cores do temor daquilo que se poderia descobrir; ela também se transforma em impaciência desencorajada ou em tristeza quando o disco da fala emperra, até mesmo na cólera que interpela. São, é claro, índices da posição fantasmática particular do sujeito que o analista não pode negligenciar, mas todos são comandados pela relação com o saber suposto. Fenomenologicamente, ela é modulada de maneira

OS AFETOS DE TRANSFERÊNCIA

muito diferente de acordo com os analisandos, se faz mais ou menos imperativa, mais ou menos erótica, facilitadora ou contrária. Freud insistiu nisso, mas sua mola propulsora simbólica é a expectativa do saber, a expectativa menos de uma cura do que de uma revelação. Ou melhor, é preciso dizer: expectativa de cura por meio da revelação, uma vez que, em uma análise, se trata de "elucidar o inconsciente de que você é sujeito"[6].

O entrave [*La butée*]

No entanto, estruturalmente, a expectativa de transferência também está fadada a ser decepcionada. Que a expectativa gerada pela aplicação da regra analítica da associação livre leve à frustração, nenhum analista pode ignorar. Ela faz um grande barulho na fala analisante: protesto, decepção, reivindicação quanto àquilo que é obtido e acordado. Diante das exigências da transferência, conservamos sobretudo o aspecto insaciável do amor, diante do qual Freud preconizava a manutenção de neutralidade benevolente e a postura interpretativa, sustentando mesmo que a análise necessitava de um certo grau de insatisfação e que, ao desejar estancar essa demanda, privava-se o processo de seu motor libidinal. E Lacan notou "a tranquilidade de seu olhar" na transferência. O debate começou a se enfurecer, como disse, em torno de Ferenczi, ele, por sua vez, muito *intranquilo*. Um Ferenczi animado pelo desejo de fazer algo que respondesse à intimação da análise, gratificando seu voto por ser amado. Daí seu método ativo, depois sua análise mútua, mais escabrosa e, no final, a discordância de Freud que soou como uma negação. A questão não foi

[6]LACAN, J. (1973). Televisão. In: *Outros escritos*, op. cit., p. 541.

encerrada, no entanto, o debate repercutiu com Balint, aluno de Ferenczi, se difundiu do lado de Winnicott... Lacan entrou no debate em um momento em que ele já havia produzido, junto a seus contemporâneos, uma inflexão nos intuitos da interpretação, sua focalização menos na elucidação do inconsciente do que nas resistências. Ele, portanto, pleiteou por um retorno à interpretação freudiana do inconsciente. No entanto, ele não se contentou com isso, pois a questão é entender por que a fala sob transferência conduz a esse efeito e como esse efeito pode ser superado no término do processo.

Os efeitos que, segundo Freud, constituem entrave, todo analista os encontrou essencialmente sob a forma de uma reivindicação daquilo que o analisante esperava e que ele se desespera para obter à medida que a análise avança. O que é isso? A dificuldade deve-se às diversas formas de dizer de uns e outros, mas não faço aqui uma histórico disso, vou, portanto, diretamente ao cerne da questão.

Freud formulou isso em termos nos quais ele situa o complexo de castração: o ter fálico. Não entro nas reformulações que Lacan dá à castração, mas todas implicam que se trata de um irredutível de estrutura, um efeito não do Outro paterno, mas do inconsciente. Não do inconsciente definido como discurso do Outro, portanto, tendo um sentido, mas do inconsciente "saber sem sujeito"[7] que afeta o gozo, o corta e a fragmenta, o eleva a sintoma que faz objeção à relação sexual que, de dois corpos, sonha em fazer um do amor. Ora, esse gozo não é vinculante e repercute no sujeito em afetos de solidão, abandono, impotência etc. É daí que provém a

---

[7]LACAN, J. (1969). O ato analítico. In: *Outros escritos*, op. cit., p. 372.

OS AFETOS DE TRANSFERÊNCIA

demanda por amor, a qual, na análise, se dirige ao analista e se transforma mais ou menos episodicamente em ressentimento, cólera, em resumo, naquilo que Freud chamou de reivindicação de transferência.

É nesse ponto que toda uma corrente do movimento analítico, confrontada com a resistência desses afetos, julgou necessário modificar o intuito da interpretação, conferindo-lhe como alvo os afetos do paciente com relação ao analista, afetos que supostamente repetiriam os da fase edipiana. Esse caminho é um impasse, ele próprio verifica isso, pois se a análise é repetição do drama original, ela não tem saída. Menos mal ainda quando não colocamos na balança os afetos do analista como princípio de interpretação. Lacan, por sua vez, seguiu a via freudiana, que postula que, pelo contrário, é relacionando todos esses sofrimentos da falante com sua origem no saber inconsciente a ser decifrado que se tem a chance de modificar, com o tempo, suas consequências de afetos.

Ora, a decepção da transferência não provém somente da exigência de amor resultante da maldição sobre o sexo à qual a linguagem preside, mas deve-se também aos limites daquilo que é possível saber sobre o inconsciente. Ela é, portanto, dupla no nível do amor e no nível da busca pelo saber. Foi Lacan quem demonstrou isso. O que posso esperar? Muitas coisas, mas não o impossível da relação sexual e nem o fim do destino de solidão, apesar dos amores. O que posso saber? Uma parte de verdade, certamente, mas a verdade nunca é senão dita pela metade [*mi-dite*], não toda, e o real não é feito para ser sabido, embora ele se manifeste em sintomas. Por isso, longe de resolver a decepção epistêmica, uma análise a coloca em jogo e traz à tona sua necessidade, pois ela não cessa de se escrever à medida que o analisando fala. Trata-se de um real ligado ao "há um" [*y a'd'l'un*], o Um todo só do *falasser*, impossível de ser reduzido.

Portanto, é impossível estancar a demanda de transferência. A exigência de amor está em um impasse e no eixo do saber as revelações que ocorrem por meio da associação livre nunca são conclusivas, na falta de um termo que valha como resposta derradeira. Em termos freudianos, o recalque será suspenso apenas parcialmente por causa do recalque original. Deciframos pedaços do inconsciente, isso é certo, mas a decifração também não tem princípio de parada. Entendemos o sentido de seus sintomas, dizemos sua fantasia, mas o sentido... foge, longe de parar o processo. No final, há saber adquirido, sabe-se "um pedaço" dele, mas apenas um pedaço. Não há saber absoluto, com todo respeito a Hegel, *lalíngua* me afeta além daquilo que posso saber disso, inexpugnável. Além disso, no eixo da libido, está a "maldição sobre o sexo". A castração não se supera, não se trata de um mito, contrariamente ao Édipo, mas um "osso", diz Lacan, e o amor não poderia resolvê-lo.

E o que acontece com a hipótese transferencial no final? Ela cai, dize, ela aparece como aquilo que é, uma ilusão, certamente operatória, mas ainda assim um engodo, pois o inconsciente é saber sem sujeito, inexpugnável e que determina a castração. Como o trabalho analítico não produz nada que não tenha a estrutura do Um (não demonstro aqui), o corte da castração está em toda parte: no nível do gozo Uno, que faz objeção à relação entre os sexos, do saber adquirido sempre incompleto, da verdade não toda que nunca alcança a palavra do fim. A bem dizer, esse corte está na origem, como traumatismo, horror, mas horror esquecido, pois é rapidamente tamponado pelo sentido da fantasia. A análise permite identificar esse horror da castração — em outras palavras, descobri-lo.

OS AFETOS DE TRANSFERÊNCIA

Dito em outros termos, uma análise decerto revela, caso a caso, por meio da fala, aquilo que podemos denominar condensadamente como a verdade do sujeito, a fantasia que sustenta seu desejo e o sentido que seus sintomas assumem a partir daí. Mas ela não deixa de revelar, à medida que avança, os limites daquilo que é alcançado por meio da fala e que se impõem às expectativas. Portanto, não está ao alcance do analista remediar às decepções de transferência, pois suas surpresas desagradáveis são estruturais. Deixe-o tentar e ele falhará com seu paciente, fazendo-o sair do discurso analítico e se tornando ele próprio mais *coach* do que analista.

É até mesmo mais do que decepção, às vezes é angústia. Lacan pôde dizer, a uma época, que não havia razão para uma análise angustiar. De fato, ela, por definição, coloca o sofrimento em palavras, faz, portanto, passar ao simbólico e ao sentido o real fora de sentido, seja ele qual for, do qual o sujeito padece e que o leva à análise. Poder-se-ia, pois, esperar que uma psicanálise que opera por meio do sentido tempere a angústia do real fora de sentido. É justamente o que ela faz, de fato, mas apenas no final. Esse também foi um debate em torno de Winnicott e do *middle group*[8]. Sobretudo, não angustiar o analisando, mandá-lo embora uma vez mais que ele esteja mais calmo! Era como ignorar que a angústia é o índice do objeto, ou do real, que ela aponta para aquilo que o significante falha em capturar. A experiência não deixa dúvidas: não há análise sem angústia, ao menos episódica, segundo Freud antes de Lacan, e quanto mais a análise é orientada para o real, mais ela a encontra. Daí a

---

[8] O Grupo de Independentes, ou Grupo do Meio (*Middle Group*), é o nome dado a um grupo de psicanalistas britânicos formado a partir de 1945 na Sociedade Psicanalítica Britânica (NT).

ideia formulada no fim por Lacan de que ver o analista operar é angustiante.

De toda forma, vemos que o afeto de frustração a que se deu tanta importância é um respondente muito fraco. Era dizer muito pouco, e em 1973, em sua "Nota italiana", Lacan, ao retomar o termo utilizado para a cabeça da Medusa, diz: "Horror do saber". Ele até dirá que, assim como os cristãos, os psicanalistas têm horror àquilo que lhes foi revelado. Horror é mais do que a covardia de tristeza, amiga do recalque e não é um afeto endereçado. É um dos afetos que ratifica a descoberta dos efeitos castradores da linguagem, efeitos próprios de cada um e dos quais ele obviamente ignora a causa linguageira.

Mas então, isso não é um paradoxo? Faz-se uma análise para resolver os sintomas que traduzem o impasse sexual, espera do *happy end*, e a análise demonstra que ele é irredutível. Como isso não seria um entrave? Como aquilo que era um problema poderia ser a solução, uma vez trazida ao necessário?

Essa questão atravessa a história da psicanálise. As teses vão da depressão de fim, lamentada por Freud em 1937, até a satisfação específica que marca o fim que Lacan introduz em 1976 no "Prefácio à edição inglesa do *Seminário 11*". Entre as duas, muitas outras paradas: primeiro a "posição depressiva", o momento de luto, convocado quando ele inventa seu passe, mas já lá no final de "A direção do tratamento". Ele ecoa Freud ao mesmo tempo contestando-o, utilizando um termo kleiniano, pois se trata, segundo Lacan, de um momento precede o fim. Em seguida, a nota "maníaco-depressiva", de que ele fala em "O aturdito" e que, por sua vez, remete ao fim por meio da elação, segundo Balint, sobre a qual Lacan retornou ao longo de seu ensino. Depois, o entusiasmo de fim, eventual, na "Nota aos italianos", a partir da qual poderíamos classificar o AE (analistas da Escola). Por fim, quando ao fazer a introdução do *Seminário 11* para os ingleses, ele dá ênfase à satisfação final.

Seria preciso, portanto, dizer aquilo que funda os afetos tanto da fase final quanto da saída: poder dizer o que procede apenas dos efeitos da estrutura, válidos para todos, e aquilo que convoca a dimensão ética de cada sujeito, daquilo que chamei de variável não epistêmica. A partir do momento em que esta última está em jogo, a conclusão sobre a qual a análise para não pode mais ser pensada simplesmente em termos de um balanço de saber ou não saber, mas em termos de uma resposta ética a esse balanço. É isso que implica a noção de identificação com o sintoma, que designa uma mudança de posição que se situa do lado do sujeito e que é requerida para produzir aquilo que chamei de uma identidade de separação. Digamos que se trata de uma mudança do que Freud chamava de defesa do sujeito. Lacan definiu a ética como uma posição em relação ao real e não em relação às normas e valores do discurso. E, de fato, os afetos de fim, em todos os casos, são afetos de posição em relação ao real, seja qual for a forma como o definimos. Insisto na importância dessa dimensão ética para o final da análise, pois ela implica a responsabilidade do sujeito e, com ela, a suposição obrigada de uma margem de liberdade, sem a qual seríamos apenas marionetes do inconsciente.

Para além do impasse

17

A postura de Lacan nessa questão, quaisquer que sejam suas diversas formulações no decorrer dos anos, parece-me, com efeito, ter sido sempre a mesma: a frustração de transferência, a *re-petitio* da demanda, é estrutural, mas no término a expectativa do ser pode, até mesmo *deve*, ser satisfeita. Obviamente, não será sob a forma esperada.

O afeto típico do fim, mais precisamente da passagem a analista, seria satisfação? Sobre essa questão, é possível recorrer mais a Freud, pois Freud se interessou pouco pela análise do analista e não a relatou ao final do processo. Há nele até mesmo uma inversão patente da problemática atual, quando ele define essa análise como possivelmente a mais curta, tendo apenas que produzir uma convicção quanto à existência do inconsciente. Esta última se reduz a acreditar nas formações do inconsciente; na verdade, é a própria definição de transferência, a condição da entrada em análise mais do que a produção de um analista. Lacan, pelo contrário, avançou com a ideia de que apenas a análise levada ao seu ponto de finitude podia criar as condições do ato analítico, a condição principal sendo a queda do postulado da transferência, ou seja, de um sujeito do saber. Quando esse engodo não é mais sustentável, com as esperanças que suscitava, como essa mudança não produziria sua parcela de afetos?

O luto

A tese de um luto que põe fim à decepção foi produzida antes de Lacan por Balint e Melanie Klein. Lacan a ratificou. Até sua "Proposição sobre o psicanalista da Escola", em 1967, completada por alguns desenvolvimentos de "O aturdito", em 1972, as teses de Lacan sobre os afetos de fim, embora formuladas em termos estruturais que lhes sejam próprios, permaneciam parcialmente convergente com as desses dois autores. Por outro lado, quando escreve seu "Prefácio à edição inglesa do *Seminário 11*", em 1976, depois de elaborar seu conceito de ICSR, há uma mudança e ele avança sozinho com uma tese inédita, mesmo para ele mesmo, sobre a questão dos afetos que marcam o fim.

Em sua "Proposição sobre o psicanalista da Escola", ele indica aquilo que a fase final da passagem a analista, que ele chama de a virada do passe, deve-se a uma "posição depressiva". Ele toma a expressão emprestada de Melanie Klein. Em "O aturdito", ele retoma de Balint o humor maníaco-depressivo da fase final. Lacan, aliás, faz referência a Balint em diversas ocasiões, cada vez que evocava o fim de análise, sempre para criticar sua concepção dual de transferência. Nesse texto, a nuance é diferente: a respeito desse humor maníaco-depressivo da fase final, ele diz: "É esse estado de exultação que Balint, tomando-o com otimismo, descreve não menos bem"[1]. Depois o luto termina. Mas luto de quê? O que é perdido em uma análise? A resposta realmente envolve toda a concepção da análise. Não é, em todo caso, o luto da expectativa

---

[1] LACAN, J. (1972). O aturdito. In: *Outros escritos*, op. cit., p. 489.

terapêutica, mas o contrário: somente o luto terminado sob transferência produz um efeito terapêutico "substancial" que toca a posição do sujeito com relação aos imbróglios do gozo. Não se trata de um transe narcísico, como Balint pensava, mas da relação com o objeto, do luto do analista não como um sujeito suposto saber, mas como reduzido ao objeto *a*, esse objeto que falta tanto no simbólico da linguagem quanto no imaginário do corpo e no real do *falasser* — em outras palavras, o objeto que causa o desejo sem esperança de estancá-lo, impossível de ser dito, imaginado e, contudo, operante. Mas, qualquer que seja sua concepção, a fase depressiva ainda não é o fim. É o interesse do termo "luto" em suma, pois é próprio do luto ter um término e que, passado esse término, é o fim dos afetos depressivos. Estes últimos, portanto, são afetos não de fim em impasse, mas de pré-fim. O luto é sua travessia e faz justamente passar a outra coisa, além do entrave, a uma solução do impasse freudiano. A insatisfação deprimente ocorre na análise, mas não é o afeto final.

Reação terapêutica positiva

O tema de um fim de análise que satisfaz não data das últimas elaborações de Lacan. Podemos listar todas as suas ocorrências desde "Função e campo da fala e linguagem". Ele até mesmo mencionou muito cedo como um dever de satisfazer da parte do analista, de distinguir do desejo de "não decepcionar"[2], para falar finalmente em 1976 da "urgência de dar a satisfação"[3] que marca o fim.

---

[2]LACAN, J. (1958). A direção do tratamento e os princípios de seu poder. In: *Escritos*, op. cit., p. 601.
[3]LACAN, J. (1976). Prefácio à edição inglesa do *Seminário 11*. In: *Outros escritos*, op. cit., p. 569.

PARA ALÉM DO IMPASSE

Essas satisfações de fim nem sempre foram concebidas da mesma maneira, suas definições variam com as elaborações estruturais, e elas não estão todas no mesmo plano, mas todas são de "reconciliação", todas colocam em jogo a dimensão de uma opção subjetiva renovada, e cada um dos textos termina com considerações sobre o saldo ético da análise. A incidência de uma opção subjetiva no fim, de um fator, portanto, que não é estrutural, mas ético, foi reconhecido por Freud, mas em sua vertente negativa, com a reação terapêutica negativa e o impasse de fim, em sujeitos que, no fundo, se empenham em recusar aquilo que adquirem ou descobrem. Não é excessivo dizer que, ao contrário, para Lacan, o encerramento da experiência anda de mãos dadas com o que eu poderia chamar de uma reação terapêutica positiva, que procede mais de um consentimento, mesmo que seja às negatividades da estrutura. Segundo os textos, tratar-se-á de aceitar o ter ou a privação fálica, de consentir ao dom de sua castração, à destituição objetal, aos impossíveis, em seguida ao real fora de sentido do sintoma.

De fato, "Função e campo da fala e linguagem" é um pouco a parte. A ideia de um fim que dá a resposta da "fala plena", instituinte, na relação com o Outro, não tem a ver com as negatividades da estrutura, apesar das referências ao ser para a morte. Ela, ademais, preside o laço social e não é um fim de solidão, pois "a dialética não é individual, e a questão do término da análise é a do momento em que a satisfação do sujeito encontra meios de se realizar na satisfação de cada um, isto é, de todos aqueles com quem ela se associa numa obra humana"[4]. Vemos a distância disso com relação

---

[4]LACAN, J. (1953). Função e campo da fala e da linguagem. In: *Escritos*, op. cit., p. 322.

OS AFETOS LACANIANOS

aos "esparsos disparatados"[5] que o "Prefácio" designa. É de "A direção do tratamento" que Lacan coloca no centro da problemática do sujeito aquilo que chamo de negatividades da estrutura e que ele formula soluções pela... aceitação. De quê? Dessas mesmas negatividades à medida que ele as circunscreva. O falo e a castração em "A direção do tratamento" e "Subversão do sujeito e dialética do desejo", a "avenida do desejo" nas "Observações sobre o relatório de Daniel Lagache", a divisão da sexualidade entre semblantes e gozo no "Posição do inconsciente", o ser destituído na "Proposição...", de 1967, os impossíveis em "Radiofonia" e "O aturdito", a miragem da verdade e do real fora de sentido em seu último prefácio.

Em todo caso, é o mesmo esquema: a análise revela, traz à tona, os efeitos do destino da estrutura: falta-a-ser, castração, destituição subjetiva, relação impossível, gozo que não devia etc. — tantos efeitos negativos em relação às expectativas de transferência, que a análise confirma e que podemos dizer serem reais. Isso não exclui as positividades de gozo da fantasia e do sintoma, isso apenas confirma sua função irredutível de fazer suplência à relação que falta. Há aí, sem dúvida, saber adquirido e até mesmo, diz Lacan, no fim, "sujeito assegurado de saber"[6], de saber o impossível em suas diversas formas e a parte de incurável que as acompanha. Vemos o caminho analisante que é traçado aí: o sujeito padecia do inconsciente saber, mas sem saber e esperava reduzi-lo; agora ele o mensurou, sabe que ele é irredutível, é a revelação inesperada da análise — sempre

---

[5]LACAN, J. (1976). Prefácio à edição inglesa do *Seminário 11*. In: *Outros escritos*, op. cit., p. 569.
[6]LACAN, J. (1972). L'étourdit. In: *Scilicet*, n. 4. Paris: Seuil, 1973, p. 44.

PARA ALÉM DO IMPASSE

marcada, aliás, com efeitos terapêuticos parciais — e que...
satisfaz. Mas em quê?

Dizer reconciliação ou consentimento é invocar um elemento que não é de ordem epistêmica, o mesmo que está em jogo no "não quero saber nada" do recalque ou da rejeição do inconsciente: uma resposta do ser àquilo que ele descobre, uma opção íntima, fundamental, ética, que o define assim como seu saber inconsciente. Surge, a partir de agora, a questão do peso respectivo para o fim da análise da revelação do inconsciente, por um lado, e da resposta do ser, por outro. Essa questão já havia sido colocada pelo veredicto de Freud em "Análise terminável e interminável". Suas últimas palavras atestam isso. Ao falar da recusa da castração, o "rocha original", diz ele, "só podemos consolar-nos com a certeza de que demos à pessoa analisada todo incentivo possível para reexaminar e alterar sua atitude para com ele"[7]. O que equivale a dizer que o entrave não depende apenas da rocha em questão.

O que satisfaz

De onde vem que o fim satisfaça? Trata-se, antes, do saber que satisfaz automaticamente, produzindo a "metamorfose"[8] esperada, ou do consentimento às consequências que — com o tempo, pois "precisa tempo"[9] de se habituar — leva a uma posição renovada do analisando em relação a esse real? Lacan nunca deixou de explorar essa questão, e

[7]FREUD, S. (1937). Análise terminável e interminável. In: *Edição standard brasileira das obras psicológicas completas de Sigmund Freud*, v. XXIII. Rio de Janeiro: Imago, edição eletrônica.
[8]LACAN, J. (1967). Proposição de 9 de outubro de 1967 sobre o psicanalista da Escola. In: *Outros escritos*, op. cit., p. 260.
[9]LACAN, J. (1970). Radiofonia. In: *Outros escritos*, op. cit., p. 425.

sua invenção do dispositivo do passe visava, entre outras coisas, verificar suas hipóteses.

Um saber que cura [soigne]

Ele explorou muitas vias e, antes de tudo, a de um saber que cura. Estamos aí no terreno dos efeitos e do alcance do saber elaborado. Geralmente, opõe-se, de forma um pouco precipitada, o epistêmico e o terapêutico, mas há epistêmico que cura e até mesmo terapêutico que ensina. Quer se trate do saber adquirido de meu ser de objeto rebotalho na hiância do saber ou do saber da carência da relação, em ambos os casos o impossível demonstrado constitui a solução da impotência, imaginária. É que o vislumbre do incurável é próprio para resolver os tormentos das esperanças de transferência. Passar da expectativa no fracasso para o impossível é uma solução. O bem-dizer, que não é nem o bem dito [*bien dit*] nem o belo dito [*beau dit*], *satis-faz* quando permite concluir com o impossível. Essa conclusão certamente não preenche as expectativas; pelo contrário, ela as frustra radicalmente, mas, por isso mesmo, cura [*guérit*] dos afetos de impotência: desânimo, sentimento de fracasso, quiçá... *culpabilidade/cortabilidade* [*coupabilité*], e até mesmo horror. Ela opera sobre a *re-petitio* da demanda, produz uma mudança de sua estrutura (que "O aturdito" explora), pois não se demanda nada ao real. Quanto ao "se saber objeto" da destituição subjetiva, o patetismo do termo não deve enganar: "Isso faz ser". A destituição subjetiva, "não é ela que faz des-ser, antes ser, singularmente e forte"[10]. Ela trata [*soigne*] a falta a ser do sujeito e lhe traz questões

---

[10]LACAN, J. (1967). Discurso na Escola Freudiana de Paris. In: *Outros escritos*, op. cit., p. 278.

PARA ALÉM DO IMPASSE

e dubitações que são as chagas do neurótico, ao passo que o parceiro, pelo contrário, "se esvanece, por já não ser mais do que o saber vão de um ser que se furta"[11]. Nesse sentido, o efeito terapêutico "substancial", isto é, que diz respeito ao gozo, única substância em jogo na análise, como disse, está no final da análise, e é até mesmo um efeito de fim.

Conversão de afeto

Na vertente da reação terapêutica positiva, entendemos que o consentimento em questão depende menos da estrutura do que do sujeito. E até mesmo, em todo caso, mesmo que seja porque ele põe fim à busca analisante. Alívio por ter terminado depois de tanto tempo. A "Proposição..." de 1967 evoca a paz; "O aturdito, o fim do luto; a "Nota italiana", o entusiasmo, é mais que consentimento; as conferências nos Estados Unidos, o fato de estar contente em viver, subentendendo-se aí apesar do destino que o inconsciente nos prepara; finalmente, o "Prefácio", uma satisfação específica.

Não se pode duvidar que sua natureza, suas conotações afetivas sejam diversas. Ao criar o dispositivo do passe, Lacan os oferecia para a verificação. Elas vão da resignação diante do inevitável a essa conversão do horror em entusiasmo evocado pela "Nota aos italianos". Em todo caso, ela dá suporte a esse desejo inédito, que é o desejo do analista. O que equivale a dizer que sua tradução no nível de conduta não poderia faltar e que, portanto, seria bem justificado, como diz Lacan, questionar o estilo de vida do analista. Com a condição, é claro, de não imaginar, como alguns fizeram, que a vida burguesamente classificada de um Freud

[11]LACAN, J. (1967). Proposição de 9 de outubro de 1967.... In: *Outros escritos*, op. cit., p. 260.

excluísse o desejo subversivo, ou o contrário, que a ofensa às normas burguesas seria o sinal do desejo liberado. Nem *pró* nem *anti*, o desejo do analista é outro.

Coloca-se a questão da mola propulsora dessa satisfação. Ela não caminha sem saber adquirido, mas é ela o produto quase automático desse processo, sujeito, antes, à contingência das diferenças individuais? A "Proposta..." de 1967 parecia justamente implicar que o sujeito destituído era um sujeito transformado, inédito, diante de quem a virada da passagem a analista se abria. Freud também havia colocado a questão de um estado do sujeito que seria produzido apenas pela análise. Poder-se-ia concluir daí que toda análise finita produzia mais do que um analisado, um analista em potencial, creditado com uma competência ao ato analítico, quer ele o exerça ou não. O tema teve lugar por um tempo na Escola de Lacan.

Se essa era ideia de Lacan, ele a mudou, em todo caso. Não basta um analisado para fazer um analista; é preciso aí, além disso, uma posição que nem toda análise produz. É isso que ele desenvolve em sua "Nota italiana", com as consequências para o dispositivo do passe: se o fato de ter circunscrito seu "horror de saber" não levou o candidato ao entusiasmo "devolvam o referido a seus diletos estudos"[12], diz Lacan. Em outras palavras, ele não será AE, analista da Escola. É isso que distingue claramente a análise finita da análise do analista. A bem dizer, essa tese estava presente desde o "Discurso na EFP", mas ela parece não ter sido lida. Lacan já dizia: "O não analista não implica o não analisado"[13] e, contra

---

[12]LACAN, J. (1974). Nota italiana. In: *Outros escritos*, op. cit., p. 314.
[13]LACAN, J. (1967). Discurso na Escola Freudiana de Paris. In: *Outros escritos*, op. cit., p. 276.

qualquer psicologização do desejo do analista que não pode funcionar como atributo, ele ressaltava na época que é o ato analítico apenas que é preciso localizar. Entendemos que, se essa conversão do horror em entusiasmo é requerida para constituir o analista da Escola, então o dispositivo do passe muda. Já não se trata mais somente de saber se a análise está terminada, se chegou ao ponto de produzir o analisado que "sabe ser um rebotalho", termo da análise quanto ao saber, mas de classificar, de acordo com o efeito de afeto desse saber: "Se ele não é levado ao entusiasmo, é bem possível que tenha havido análise, mas analista, nenhuma chance"[14].

Entusiasmo é o afeto que lhe toma antes de uma transcendência que lhe ultrapassa e anula como sujeito, aqui certamente não divina. Então, de que esse afeto depende? Não da estrutura, mas de uma resposta do ser, imprevisível. Para outros, poderia ser resignação morosa, até o mau humor, a cólera e até mesmo — por que não? — Lacan observava, o ódio. É preciso justamente esse afeto de entusiasmo para sustentar o desejo do analista, pois é um desejo muito estranho que impele ao outro, o analisando, a se chocar com o real que o ultrapassa e do qual ele não quer saber nada. Estranho amor ao próximo! Para que esse desejo não seja suspeito, é preciso, seguramente, que o analista esteja bastante seguro de que o benefício é possível no final. E de onde essa segurança pode vir, senão de sua própria experiência, com a condição de que ela tenha lhe demonstrado que a aflição transferencial é redutível?

Fazer desse entusiasmo o índice necessário do analista já era atribuir ao afeto uma nova função. A noção de afetos didáticos, tais como a angústia ou os afetos enigmáticos, já

[14]LACAN, J. (1974). Nota italiana. In: *Outros escritos*, op. cit., p. 313.

era uma novidade e era possível ver aí um paradoxo sob a pena de Lacan. Com efeito, não é ele que exigia, perspectiva estrutural obrigando a isso, que o inconsciente em uma análise desse uma resposta que não fosse inefável? Ora, o que é mais inefável, mais heterogêneo à conclusão epistêmica, à "solução" de uma equação, como ele dizia na "Proposição..." de 1967, ou até mesmo à invenção de uma conclusão criativa que teve seu momento de sucesso entre os lacanianos, do que o afeto enigmático? É verdade que uma *eureka* de saber à la Arquimedes pode gerar afeto, especialmente triunfo, isso é óbvio demais; mas quando *eureka* há, é ela, a *eureka* de saber que se recolhe e seu efeito de afeto além disso, e pode ser esquecido. Pelo contrário, fazer de um afeto, o entusiasmo, além do saber adquirido, o signo do analista, é indicar que a *eureka* de saber não é suficiente, que ele é minorado e que a "obscura decisão do ser" em sua contingência é para poucos. Em outras palavras, o desejo do analista — talvez raro — que deve ser distinguido, ademais, do desejo de ser um analista, que ele sim é frequente — não é para qualquer analisado.

O afeto de passe

Chego aos avanços do "Prefácio à edição inglesa do *Seminário 11*" e ao lugar que ele confere à satisfação. Eles entram na concepção elaborada para a angústia e os afetos enigmáticos que têm valor de signos reveladores. Lacan aplica novamente aí, no nível do passe, aquilo que chamei de "a prova pelo afeto", mas ela se insere no novo esquema do nó borromeano, solidário do conceito de ICSR.

Real e verdade

O termo "ICSR" não é isento de ambiguidades, como o próprio termo "real". Essa ambiguidade é resolvida em parte se distinguirmos, por um lado, aquilo que Lacan chamou de real próprio do inconsciente, definido como aquilo que não pode ser dito ou escrito na linguagem, ou seja, o objeto que falta ou a relação dos gozos sexuados e, por outro lado, o real fora do simbólico, que é, por isso, fora de sentido, causador de angústia e lugar do gozo opaco do sintoma.

O ICSR definido pelo fora de sentido não é saber suposto, mas saber manifestado. Fora ou antes da análise, ele se manifesta como emergência, epifania como me expressei acerca de sua *motérialidade*, do lapso ao sintoma passando pelo sonho e pelo chiste etc. Em si mesmas, essas emergências, que tomam emprestado do real de *lalíngua* e de seus equívocos, aparecem como reais, ofensas feitas ao bom senso, o suficiente, aliás, para que os inimigos da psicanálise lhes recusem qualquer sentido. Na psicanálise, por retroação da operação Freud, eles são tratados como formações de verdade, da verdade como causa, dirá Lacan. Cada analisando ao construir suas ficções de verdades — digamos: sua pequena historiazinha — os faz passar ao simbólico e lhes confere sentido, com o que isso implica de *joui-sens* [*gozo-sentido*]. Esse é a herança legada por Freud. Foi ele quem descobriu a *materialidade* do inconsciente, sozinho, mas todo a sua empreitada consistiu em torná-lo um inconsciente simbólico, o que faz sentido. Vejam os primeiros textos desde *A interpretação dos sonhos*, eles dão as regras de funcionamento da máquina de decifrar a verdade, isto é, do inconsciente estruturado como uma linguagem, produtor de sentido, via "condensação" e "deslocamento". Sem dúvida, são seus "amores com a verdade", como Lacan se expressa, que o levaram Freud ao impasse de fim, mas lhe prestemos ainda essa homenagem: quando ele se deparou com aquilo que resistia à elaboração de sentido, a compulsão de repetição, ele não recusou saber sobre isso, diferentemente de muitos de seus contemporâneos.

O que Lacan indica no "Prefácio" é que, ao término do processo que dá sentido no espaço da transferência e que supõe um sujeito ao saber, é preciso um retorno ao fora de sentido, por meio da queda do impacto de sentido. Do real de entrada, ao simbólico do inconsciente-verdade, e retorno, portanto. Será que isso constitui um saber do real? Por definição, o real não é feito para ser sabido, ele é, antes, impossível de se predicar, mas isso permite assegurar que há saber no real, saber de *lalíngua* fora de sentido no real do ser vivo.

Já que acabo de mencionar *lalíngua*, acho útil, contudo, precisar que a *materialidade* não é reservada ao ICSR propriamente dito. Não é porque nos deparamos com uma palavra do inconsciente ou palavras do inconsciente, e é isso que fazemos toda vez que deciframos, que estamos no ICSR. O inconsciente, seja ele qual for, é constituído por elementos de *lalíngua*, do fonema ao discurso inteiro, mas estamos no ICSR quando suas palavras não têm mais impacto de sentido, a cada vez que, e somente quando, há uma queda do impacto de sentido. A passagem do inconsciente-verdade ao ICSR é feita, ademais, no mesmo elemento de *lalíngua*, quer se trate de um lapso ou de um significante do sintoma. Isso é bastante compreensível com relação ao lapso, cuja palavra permanece idêntica durante todo o processo: ela aparece fora de sentido, depois adquire sentido por meio da elaboração das ficções de verdade e, ao término da elaboração, ela retorna eventualmente ao fora de sentido gozado. A diferença disso com a palavra do sintoma é que esta deve ser decifrada e geralmente é revelada somente ao fim de uma série de substituições, mas o mesmo esquema se aplica. Supor um sujeito ao saber epifânico é supor o sentido possível em busca do qual o analisando se compromete.

Portanto, não é no nível da *materialidade* que podemos distinguir o significante no real, fora de cadeia e fora de sentido, e o significante em cadeia produtor de verdade, de sentido. De quem depende o impacto de sentido, ou sua queda? Não do próprio inconsciente, não do saber sem um sujeito, mas do sujeito precisamente, aquele cujo corpo é afetado pelo inconsciente. Há impacto de sentido quando um sujeito "dá" significado ao construir uma cadeia, como se diz, e ele só dá sentido porque o sentido se goza e se satisfaz. De quê? É que ele subjetiva, institui o sujeito, transformando suas peripécias em "*histoeria*" [*hystoire*], entre simbólico e imaginário, ao passo que o real, por sua vez, destitui o sujeito, e mais radicalmente que o objeto. A bem dizer, podemos dar sentido a qualquer coisa, sem fim; não há termo intrínseco ao sentido: um sonho analisado, drenado de sentido, pode sempre voltar à berlinda, por meio da retomada da questão sobre seu sentido. A queda do "impacto de sentido" é, portanto, uma queda do gozo tido no sentido, uma mudança de afeto consequentemente. O vislumbre do ICSR se apresenta nessa calha, essa é a tese do "Prefácio", que nos convida a distinguir os afetos do sentido transferencial, que dependem do *status* da verdade, e os afetos ligados à queda do sentido que são afetos do real.

O ICSR, portanto, não tem que ser substituído pelo inconsciente-verdade. Este último é elaborado sob transferência pelo meio-dizer da verdade. Ele aloja aquilo que Lacan chama de "espaço" da transferência, lugar de produção do sentido, e veicula, no fundo, aquilo que chamo de sentido único da fantasia. No "Prefácio", Lacan não fala nem de desejo nem de fantasia, decerto, mas opera com os dois termos "verdade" e "real". Mas o que é que se diz no meio-dizer da verdade, na famosa *historização* [*hystorisation*] do sujeito, senão o desejo, a fantasia que o sustenta e o gozo do *sens-joui* [*sentido-gozado*] que o acompanha?

O antimatema

Os afetos ligados à verdade são aqueles que são liberados sob transferência, como mencionei. Gostamos da corrida para a verdade, porque ela é promissora, prende o fôlego e maneja pequenas descobertas. Mas a verdade também é

O AFETO DE PASSE

"irmã da impotência", nunca toda, meio-dita, nada mais. E, de fato, é possível dizer verdades, mas a decepção está no horizonte na falta _da_ verdade que seria toda, e que não é apenas uma miragem nunca alcançada. Pior ainda, a verdade mente. O que equivale a dizer não que mentira e verdade sejam uma mesma dimensão, como Lacan sempre fez, não que o "eu minto" seja uma via para o dizer-verdadeiro, mas que a verdade que, no entanto, visa o real, falha por definição. "Eu não posso dizer verdade do real". Estou no espaço da linguagem da verdade ou no ICSR, não nos dois ao mesmo tempo.

Está-se no inconsciente quando um elemento não tem "nenhum impacto de sentido [...] o que se sabe, consigo"[1], diz Lacan. Já frisei esse "consigo", que indica que ninguém mais sabe disso, nem o analista, portanto, nem qualquer júri de passe. A *materialidade* do saber presta-se à transmissão, mas a apreensão do fora de sentido de seu gozo opaco, não. O inconsciente definido pela queda do sentido é o antimatema. Ele não é demonstrado, mas encontrado na deflação do sentido, a queda do sentido, como se diz "queda de tensão". Se quiser dar testemunho do ICSR, assegurar uma captura, presto atenção a isso e saio, pois a atenção abre novamente o espaço da elaboração de sentido. Em outras palavras, estou no ICSR apenas se não penso nisso. Pode-se aplicar a ele uma parte daquilo que Lacan dizia sobre o desejo em seu discurso na EFP: é esse lugar "no qual encontrar-se é ter saído para valer"[2]. Mas essa saída não é qualquer uma, mas aquela que é feita por meio da atenção, quando se pensa

---

[1]LACAN, J. (1976). Prefácio à edição inglesa do *Seminário 11*. In: *Outros escritos*, op. cit., p. 567.
[2]LACAN, J. (1967). Discurso na Escola Freudiana de Paris. In: *Outros escritos*, op. cit., p. 270.

nisso, e é o retorno à via do psicanalisando que re-abre o espaço do inconsciente transferencial. Não se trata de sair, pois, da verdade para se instalar no real. Pode-se estar no ICSR, estar nele como *falasser* falante, ser de gozo impensado do sintoma, "gozo opaco, por excluir o sentido"[3], mas não é possível se encontrar ali como sujeito da verdade que fala.

Podemos, portanto, colocar a questão dos afetos que respondem a esse real fora de sentido do *falasser*. "Não há amizade que esse inconsciente suporte"[4], diz Lacan. O amor do saber suposto que é a transferência não se resolve por meio da amizade com o saber percebido do ICSR. Aliás, é a angústia, que não deixa de responder ao mais real do sintoma que me destitui, e que sinaliza tanto quanto o objeto, contra a verdade que resiste aí a todas as suas ficções. Nesse sentido, a verdade pode decepcionar, ela não angustia. O afeto primeiro do real que é demonstrado, o da não relação sexual, é o sentimento de impotência. É também por isso que a análise a resolve, paradoxalmente. Quanto ao real, que se manifesta como uma epifania de gozo fora de sentido, notadamente no sintoma, haveria um afeto privilegiado que lhe responda, além da angústia?

Consequência para o passe, as duas, a que se produz na análise e a do dispositivo que a autentica? Lacan não disse que, no passe, corre-se nele risco por dar testemunho do real. Por que? É que não se pode dar testemunhar do ICSR; o testemunho, a partir do momento em que é articulado, e porque é articulado, dá testemunho, na melhor das hipóteses, apenas da verdade mentirosa, ele histoeriza [*hystorise*]

---

[3]LACAN, J. (1975). Joyce, o Sintoma. In: *Outros escritos*, op. cit. p. 566.
[4]LACAN, J. (1976). Prefácio à edição inglesa do *Seminário 11*. In: *Outros escritos*, op. cit., p. 567.

O AFETO DE PASSE

ainda, mas dessa vez a análise e o gozo do sentido que lhe faz companhia. Quando o gozo do sentido cai, não se testemunha mais.

Se estou no ICSR somente quando o impacto de sentido cai e que, além disso, estou sozinho a saber disso, não estamos à beira de um inconsciente que ignora, até mais que a lógica, que ignora a verossimilhança? É justamente o que Lacan diz sobre o real: "Antinomia com qualquer verossimilhança"[5]. Em outras palavras, ele está fora do senso comum, é desnecessário dizer; a própria verdade nunca é, aliás, comum, ao contrário da exatidão, mas o real está fora da verdade subjetiva. Essa é a grande inovação desse texto em relação a Freud, é claro, mas também em relação ao Lacan de 1967.

Isso, a meu ver, quer dizer duas coisas: o real não vem do verdadeiro; em outras palavras, a *historeização*[*hystorisation*], a historiazinha de minhas relações com o Outro, não dá conta de minhas *fixões* [*fixions*] de gozo e, reciprocamente, minha verdade não é motivada pelo real fora do simbólico. É verdade que em "O aturdito" Lacan evoca aquilo que, do real, "comanda"[6] à verdade, mas trata-se do real lógico, o do impossível da relação que, de fato, explica o motivo da suplência por meio da verdade da fantasia. Quando se trata do real fora de sentido, não ocorre o mesmo, só que ele constitui "tampão" para a hiância da verdade por sua *fixão* real de gozo. Exemplo: o paciente de Freud a quem um brilho no nariz da mulher é necessário para despertar sua libido. Freud percebe que a bizarrice desse pequeno traço é condicionada por seu bilinguismo, pois *to glace* significa "olhar"

[5] *Ibid.*, p. 569.
[6] LACAN, J. (1972). O aturdito. In: *Outros escritos*, op. cit., p. 453.

em inglês, e assona na outra língua com *glanz*, "brilhante". A condição erótica que geralmente chamamos de "traço de perversão" é, portanto, fixada por uma homofonia translinguística que marca bem a incidência de *lalíngua*, mas não diz nada sobre a verdade de sua fantasia.

A verdade supõe o objeto que falta, o objeto que faz falar, mas o qual ela pode apenas dizer pela metade [*mi-dire*], e à falta do qual ela faz suplência por meio de suas ficções. Mas, cito: "A falta de falta constitui o real, que só sai assim, como tampão"[7]. De fato, no real, esse lugar onde não há sentido e sujeito, não há falta. A letra idêntica a si mesma, por exemplo, não tem sentido e não tem falta de nada, ela tem somente um efeito de gozo no sintoma.

Dizer que o real é um tampão é uma forma de colocá-lo na estrutura do nó borromeano. O que se tapa são sempre furos. Lacan falou muito cedo do envelope formal do sintoma e do envelope imaginário do objeto *a* ao qual a imagem constitui casula. O envelope formal do sintoma designava a arquitetura significante a ser decifrada. Os efeitos terapêuticos assegurados, como a redução da obsessão do Homem dos ratos, estão sempre no nível desse envelope formal. Mas quem diz envelope implica que há algo envelopado. O que ela envelopa? Sem dúvida, em primeiro lugar, o furo da falta de gozar da castração. E notem que, no nó borromeano, o objeto *a* que falta também está inscrito no círculo do real como primeiro efeito da linguagem. Nesse real furado, de onde surge a angústia, há, no entanto, também um tampão de uma *fixão* de gozo que é *fixão* de palavras, que Lacan chama de letra eventualmente, oriundo de *lalíngua* íntimo do *falasser*, a do

---

[7]LACAN, J. (1976). Prefácio à edição inglesa do *Seminário 11*. In: *Outros escritos*, op. cit., p. 569.

sintoma — Lacan retoma, aliás, a expressão que havia utilizado para a angústia, "a falta da falta" —, só que aquilo que posso saber sobre isso é "elucubração" hipotética e que não é possível mensurar nem assegurar os efeitos possíveis de uma interpretação, mesmo que seja poética. Então, com seu lado aporético no qual insisto, qual pode ser a função desse "tampão" do real numa psicanálise e em seu fim?

Uma satisfação... que não engana

O que dá provas para garantir que o analisante deu-se conta de um ICSR tão refratário tanto às apreensões do sujeito quanto à transmissão? O que pode dar testemunho daquilo que não conseguiria ser exposto em termos de saber? É preciso justamente de uma prova, se não se quiser estar em uma mistagogia pior do que a do não saber, e que seria uma espécie de mistagogia do real. Lacan aparentemente não evoca nada da emergência do desejo do psicanalista, ou mesmo de um momento de virada nesse texto. Ele mantém apenas duas expressões: o fim é por colocar um termo à miragem da verdade e, no dispositivo, trata-se ainda de dar testemunho da verdade mentirosa — ao passo que em 1967, tratava-se de dar testemunho do saber adquirido sobre a falta do desejo e do saber.

Como se sabe que a verdade mente além de seu meio-dizer, o qual, de fato, não incomoda ninguém?

Na fala, o meio-dizer da verdade não deixa de ter relação com um certo real, na verdade, pois esse meio-dizer é solidário de uma impossibilidade ligada à linguagem: as palavras faltam aí. Por seu lado, o real definido pelo impossível de escrever não é inverossímil. É nessa base que se constrói a "Proposição..." e em "O aturdito" um fim por meio do impossível demonstrado.

OS AFETOS LACANIANOS

Como se sabe, porém, que a verdade, não contente em não ser toda, ainda mente, o que é outra coisa? Só se sabe que a verdade mente se se tocar aquilo que não mente, o real, pela simples razão de que isso não fala, que isso se manifesta idêntico a si mesmo, falta da falta, ainda que provenha também de *lalíngua*; que se se atravessou momentos de queda de sentido, queda de tensão em direção à miragem da verdade. Declarar que se percebeu o real do fora de sentido não provaria nada, mesma aporia do relato quanto para o desejo e para o ato. No entanto, isso é atestado, indiretamente, por uma mudança de satisfação que assume valor de conclusão.

"A miragem da verdade, da qual só se pode esperar a mentira [...] não tem outro limite senão a satisfação que marca o fim da análise"[8]. Na análise, o sentido e o gozo do sentido desvalorizam o real do gozo fora de sentido, mas, para que haja um fim, essa é a tese do texto, o real em troca precisa, em retorno, fazer limite [*butée*] ao amor da verdade. Essa mudança é feita "com o uso", e o uso é o oposto de uma virada, ou de um lampejo, isso supõe um tempo longo, da oscilação entre a verdade e o real, entre a busca do sentido e suas deflações, repetida ao longo da análise. A satisfação que marca o fim não tem outra definição senão pôr um fim a outra satisfação, a da miragem da corrida para a verdade. É, portanto, uma mudança de satisfação, o fim daquela que sustentou todo o processo de análise. Sua produção não obedece a nenhum automatismo, ela é somente possível. Além disso, ela é própria a cada "particular", não é possível dar outra definição geral a não ser designando-a por sua função: ela põe um termo aos amores com a verdade. É uma forma de dizer que o analisando não acredita mais no sujeito

[8]*Ibid.*

suposto saber, que ele saiu da hipótese transferencial, que mensurou o saber sem sujeito, real. O fim da miragem indica que o real foi levado em conta, mais precisamente, que a negação transferencial do real inverossímil cessou. Essa passagem [*passe*] não é propriamente dizendo uma passagem ao ICSR, já que, ninguém se instala nesse inconsciente, mas é uma passagem [*passe*] não sem o ICSR — ou, melhor, por meio do ICSR. Essa passagem não é um fim por meio do *gaio issaber* [*gay sçavoir*], pois gozar com a decifração não tem mais fim a não ser a fuga do sentido; pelo contrário, ela desabona da decifração. Só pode se manifestar, de fato, por meio de um deslocamento da libido.

Disse: satisfação conclusiva.

Com isso, quero dizer que ela é mais do que o signo da conclusão: ela faz as vezes dela, vale por ela. É ela quem marca o fim, um fim feito menos por uma conclusão articulável do que por uma mudança de gozo. Imaginemos. Ressalto a oferta de passe [*passe*] feita por Lacan, sou passante, testemunho: vou dizer, é claro, aquilo que me levou à análise, os passos por meio dos quais circunscrevi a verdade de minha em relação com o Outro, sempre fantasmática, aquilo que pude remanejar de meus sintomas e além daquilo que permanece irredutível, e também o que compreendi da função do analista nessa aventura. Mas o que dirá que pus fim à miragem? Posso dizer sem dúvida o que acredito ser o Um encarnado de meu sintoma, inverossímil, aquilo que elucubrei, portanto, dos efeitos de *lalíngua*, mas essa *eureka* é apenas uma elucubração — hipotética, segundo Lacan. Dizer também que vivenciei as quedas de sentido, o impasse do sujeito suposto saber, que, portanto, "estive" no inconsciente. "Sei disso, *comigo*", com efeito, mas estou sozinha em saber, não posso dar testemunho disso sem retornar à

OS AFETOS LACANIANOS

verdade que mente. Exceto pelo fato de que, se "não tem *outro limite* [grifos meus] à miragem da verdade senão a satisfação que marca o fim"[9], a satisfação atesta por mim.

Mas quem dirá que há satisfação, autenticamente, pois isso poderia se tornar um tema do "blábláblá do passador"[10]? Sem dúvida, é preciso aplicar a ela aquilo que Lacan dizia em 1967 acerca da posição depressiva final: que não há como "dar-se ares de fazê-lo quem não está nesse momento"[11], e que é justamente por isso que é preciso um passador para captar sua presença. Somente um passador que não está longe disso, embora talvez ainda esteja preso no imbróglio da verdade e do real — digamos: no luto —, poderá... reconhecê-la. Emprego esse termo a fim de marcar a homologia disso com amor que, se acreditarmos em Lacan, é reconhecimento a signos enigmáticos dos afetos da posição de um sujeito para com o inconsciente.

Trata-se de uma mudança radical de perspectiva, única na psicanálise, e que leva ao extremo a prova por meio do afeto. Vemos a diferença disso até mesmo com o que a "Nota italiana" dizia em 1973. Ela frisava que, para aquele que circunscreveu a causa de seu horror de saber, o entusiasmo pode seguir, mas não é ele, o entusiasmo, que provava que ele o havia circunscrito. A senha "é autenticada", dizia Lacan desde a "Proposição...". Ora, é somente ali onde a transmissão de saber fracassa que a autenticação é convocada. Em 1967, tratava-se do furo no saber em que o objeto se

---

[9] *Ibid.*, p. 568.
[10] LACAN, J. (1967). Discurso na Escola Freudiana de Paris. In: *Outros escritos*, op. cit., p. 279.
[11] LACAN, J. (1967). Primeira versão da "Proposição de 9 de outubro de 1967 sobre o psicanalista da Escola". In: *Outros escritos*, op. cit., p. 586

O AFETO DE PASSE

aloja; aqui, são os afetos do saber no real que se goza fora de sentido[12], mas que não são transmitidos — nem gozado, nem o fora de sentido. Eles vão da angústia à satisfação do desabonado da miragem, por meio de todos os afetos do trabalho de transferência ao qual eles põem um fim. Essa virada teórica é solidária da ênfase posta no real fora do simbólico, esse campo do ser vivo que, por ser marcado por *lalíngua* na pulsão e no sintoma, não deixa, contudo, de ser um desafio àquilo que posso saber ou dizer disso, de assegurado. Ainda assim, isso me afeta, e isso, isso não engana.

O dever de satisfazer

Produzir essa satisfação é "a urgência que a análise preside"[13], diz Lacan. Por que urgência, acerca de um discurso que toma tanto seu tempo? Não se trata de ironia; é que, na ausência dessa satisfação, a análise deixa o analisando nos estertores e impasses da fase final da análise (descritas bem antes de Lacan, e designadas por ele desde "A direção do tratamento"). Elas são duplamente sustentadas entre decepção e angústia, e pela impotência da verdade, miragem, e pelo horror desse real que ultrapassa o sujeito. Portanto, dever de não deixar o analisando ficar preso na corrida vã, entre a esperança e a desesperança transferencial, privado do principal efeito terapêutico da análise, que é o efeito de fim.

Um ato que impeliria a uma solução impossível não seria muito suspeito? O analista é interpelado sobre o desejo que o anima em sua oferta, pois "a oferta é anterior à solicitação"[14].

---

[12]Ver p. 148 e seguintes, na seção intitulada "O enigma do saber".
[13]LACAN, J. (1976). Prefácio à edição inglesa do *Seminário 11*. In: *Outros escritos*, op. cit., p. 569.
[14]*Ibid.*, p. 573.

Como não ver que o diálogo com Freud, o qual, por sua vez, ratificou a solução impossível, continua? Para ousar fazer a oferta da análise, não é preciso estar suficientemente fora de seus "amores com a verdade" para estar certo de poder satisfazer essa urgência? Ora, não se tem certeza disso, diz Lacan, "exceto depois de pesá-la"[15], apesar dos dois escolhos da verdade mentirosa e do real insubjetivável. E como seria possível pesá-la, senão tendo-a experimentado antes em sua própria experiência analítica, e/ou em ao menos algumas daquelas análises que se dirige?

Seria necessário, portanto, concluir: não há analista se ele não percebeu em sua experiência esse real-tampão sem o qual não há cessar da miragem; em outras palavras: não há queda do "postulado do sujeito suposto saber"[16], postulado esse "que sucede ao inconsciente abolir"[17]. É isso que responde à questão colocada ao dispositivo do passe: "Como alguém pode se dedicar a satisfazer (os) casos de urgência?".

Há aí uma definição indireta do analista e de seu desejo: é aquele que pôs um fim a seus amores com a verdade, queda do modelo freudiano, dizia a "Nota italiana". Ele pode, então, se fazer, sem engano, de servo da transferência e de seus engodos, porque tem certeza da possibilidade de saída. Não é mais do que possibilidade, mas isso é muito. Caso contrário, se ele permanecer cativo do postulado transferencial que continua a compartilhar com seus analisandos, quer saiba disso ou não, ele só pode prometer uma análise interminável, que termina por mero cansaço, e faltar, assim, com o desejo do analista. Foi assim, aliás, que isso começou

---

[15]*Ibid.*
[16]LACAN, J. (1967). A psicanálise. Razão de um fracasso. In: *Outros escritos*, op. cit., p. 345.
[17]*Ibid.*

na história da psicanálise, com analistas permanecendo em transferência que podiam muito bem encetar análises, mas para quem a análise finita permanecia um mistério. Daí o debate desde Freud, no qual o problema do fim da análise permanece intimamente intrincado com o estado das análises. Mas se o analista sabe a função do ICSR, não é em vão que será suposto saber a ele e que isso poderia orientá-lo em algumas de suas intervenções. E, por exemplo, quando em uma análise e com o uso o gozo opaco de um elemento qualquer resiste ao dar-sentido, ele poderá se lembrar de que nem tudo do real pode ser tratado pelo sentido. Então, talvez, ele se abstenha de demandar sem cessar mais um esforço em direção ao sentido que, com o uso, conduz a um impasse. Ele reconhecerá, e termino neste ponto, o real onde ele está, inverossímil, mas fazendo limite ao "fazer verdade" da análise. É por isso que Lacan pôde evocar, como comentei há muito tempo, a ideia de uma "contrapsicanálise" para não deixar o analisando totalmente envolvido no simbólico.

OS AFETOS DEPOIS

A QUESTÃO DO SALDO PÓS ANÁLISE não deixa de surgir, particularmente no que diz respeito à angústia, aos sintomas do amor e ao laço social, tão frequentemente motivos da demanda de análise.

Que essa satisfação final reduz a tristeza é evidente, mas o que acontece com a angústia no fim, uma vez que a angústia é, no fundo, afeto do real? O discurso analítico apresenta aí um paradoxo: é que ele também anuncia, promete, produz uma destituição subjetiva, pensável seja pelo objeto ou pelo sintoma fundamental do ICSR — nesse sentido, aliás, ele está muito longe ser um evangelho — e, no entanto, também pretende reduzir a angústia, permitir a passagem de uma destituição selvagem a uma destituição esclarecida, mais do que suportável, e satisfatória.

Da atroz certeza da angústia que só pode se repetir de maneira selvagem em função das circunstâncias da relação com o Outro à separação destituinte do final da análise há, é claro, toda a diferença do efeito didático. Como isso é possível? É que o objeto destituinte, se assim posso dizer, e/ou o real fora do simbólico chegam aí em posição de respostas à questão do sujeito. Esta última condiciona a entrada em análise, a elaboração analítica se desdobra, mas sem poder saturá-la por meio dos significantes da associação livre, e o sujeito representado pelo significante continua sendo "um ente cujo ser está sempre alhures"[1]. Onde isso? Justamente

---

[1] LACAN, J. (1972-73). *O seminário, livro 20: Mais, ainda*, op. cit., p. 195.

naquilo que o destitui, o objeto e o real, mas que por isso o separa, e ao que, no final, ele pode se identificar, como constatamos. O trajeto, portanto, vai do efeito de angústia ao que Lacan chamou de "identificação com o sintoma" — o que pode ser feito de melhor no final de uma análise. É uma mudança de posição em relação àquilo que o sujeito tem de mais real e que anda de mãos dadas com a redução da angústia que esse real suscitava.

Não se trata de um além da angústia; o *falasser* permanece sujeito à angústia na medida em que é confrontado com novos adventos de real, surpresas, inesperados — e nem todos eles são fato de seu inconsciente. É, no entanto, uma mudança da relação com o real fora de sentido.

No que diz respeito ao amor, a análise não pode anunciar o fim do impasse sexual. Ela não promete nem relação, impossível, nem encontro, contingente, à mercê da *boa hora* [*bon heur*], e ela não supostamente não deve recobrir o apelo às normas. Lacan não deixou de alertar os analistas sobre as consequências que eles deveriam tirar disso. Ao fala dessa ficção instituída "chamada casamento", ele diz, cito sua lição de 8 de dezembro de 1971:

> [...] seria uma boa regra o psicanalista dizer-se, quanto a esse ponto — eles que se virem como puderem. É essa a regra que ele segue na prática. Ele não o diz, nem sequer *a si mesmo*, numa espécie de falsa vergonha, por se acreditar no dever de amenizar todos os dramas. É uma herança de pura superstição. Ele banca o médico. O médico nunca se arvorou a assegurar a felicidade conjugal. Mas como o psicanalista ainda não se apercebeu de que não existe relação sexual, o papel de protetor dos casais o obceca.

Tudo isso — o falso pudor, a superstição, a incapacidade de formular uma regra precisa sobre esse ponto, esta que acabo de enunciar ao dizer *eles que se virem* — decorre do desconhecimento disto que sua experiência lhe repete, lhe repisa, eu até poderia dizer: que não existe relação sexual.[2]

Uma vez acordado que o analista não pode ser o protetor do casal, surge, contudo, a questão de saber se o reconhecimento do real em um sujeito avisado não mudaria nada com relação ao amor. Lacan avançou nesse ponto, cautelosamente. Quando evocava o estilo de vida do analista, ele já dava a entender que o desejo do analista não deixa intacta a configuração de seus interesses e afetos.

[2]LACAN, J. (1971-72). *O seminário, livro 19: ...Ou pior*, op. cit., p. 18.

19

Quais amores?

A experiência de uma análise, ao atestar o impasse sexual, parece reduzir muito os poderes do amor. Ela às vezes até parece instruir o processo de suas miragens, revelando-o ilusório, mentiroso, enganoso. Ilusório, pois não cumpre suas promessas de união entre aqueles "em quem o sexo não basta para torná-los parceiros"[1], o gozo sendo renegado; mentiroso, posto que é narcisista, dissimulando o amor próprio sob a máscara do amor pelo outro; enganoso, por fim, pois quer apenas o seu próprio bem sob o disfarce do bem do outro. Em suma, gêmeo do ódio. "Não o amo", Freud já declinava —, mas somente para a psicose — ao passo que Lacan generaliza esse *enamoródio* [*hainamoration*] à psicose, neurose e perversão.

Essa revelação ganha espaço em um momento em que o amor já mudou de *status*, o suficiente para que "nossos" amores não sejam mais os de ontem. Não temos mais modelo de amor ideal, mas amore*s* ainda temos. Houve épocas em que o Outro foi consistente o bastante para recobrir, com seus mitos, a hiância da não relação sexual, enodando assim de

[1] LACAN, J. (1973). Televisão. In: *Outros escritos*, op. cit., p. 527.

forma típica o gozo solitário com uma relação entre dois seres sujeitos ao sexo. A partir de daí, o Outro não sustenta mais esses nós do amor, nem o amor homossexual antigo, nem o amor cortês da Idade Média com sua variante preciosa, nem o amor glorioso dos clássicos, e tampouco o amor divino. Essas figuras típicas do passado, uma vez perdidas, permanecem, contudo, nossos amores... sem modelo, o que me parece ser característico de nosso século. O amor contemporâneo é órfão de seus mitos, reduzido à contingência dos encontros. Daí em diante, o acaso parece ser o único a tramá-los, ali onde o Outro, quando existia, oferecia o padrão unificante. E, no entanto, amamos o amor, mais do que nunca e talvez mais desesperadamente do que outrora[2], nesse tempo em que, quando se ama, se diz prosaicamente que se tem uma "relação" ou uma "ligação" ou *affair* (*sic*), sem dúvida porque se sabemos que é aí que reside o problema.

A psicanálise se intromete — o que me leva de volta à questão dos efeitos de retorno de um século de freudismo nos fenômenos do amor.

Ela confirma esse amor modelo — isso porque, sem dúvida, acredita-se de bom grado ter caído do céu — e revela com o mesmo movimento que, no entanto, ele não deixa de ter restrições, muito precisas. São aquelas do próprio inconsciente, cujas necessidades próprias, singulares em cada sujeito, se acrescentam às contingências dos encontros. Ou seja, o amor, por mais contingente que seja, tem uma estrutura de sintoma, o que combina perfeitamente com seu caráter repetitivo e compulsivo.

---

[2] O Dia dos Namorados [*Saint Valentin*, no dia 14 de fevereiro] de 1997 nos trouxe um programa no canal Arte sobre o amor à primeira vista, muito edificante nesse aspecto.

QUAIS AMORES?   211

Se o sintoma designa justamente a relação de um sujeito com seu gozo de *falasser*, cuja relação não faz laço, o amor é o sintoma que consegue enodar essa primeira relação com um semelhante sexuado. Daí a derradeira tese de Lacan que diz que uma mulher é um sintoma para o homem, e a conexão que ele estabelece simultaneamente com o modelo do pai como versão da função sintoma. Você é... meu sintoma, é sem dúvida aquilo a que, no final de uma análise, se pode dizer de mais sólido, mas que chance o gozo opaco do sintoma deixa ao amor propriamente dito? Lacan vislumbrou a possibilidade de um amor de olhos que, diferentemente do amor louco dos surrealistas, não exalta nem a Senhora nem o Homem, que corta o fôlego com os palavrórios autogozados do amor — falar de amor é um gozo —, um amor que permita "aumentar os recursos graças aos quais venhamos a prescindir dessa relação incômoda, para fazer o amor mais digno do que a profusão do palavrório que ele constitui até hoje — *sicut palea*, dizia o santo Tomás ao encerrar sua vida de monge"[3]. A profusão do palavrório se dá livre curso na análise, e é por isso que a saída da transferência pode representar a queda em prol de um amor mais digno, isto é, que não mente abundantemente sobre seu objeto.

Esse amor que a elucidação do inconsciente reduziria ao silêncio, pode ser um amor sem limites? Faço alusão aqui ao final do *Seminário 11*, tantas vezes comentado a contrassenso para fazer acreditar que a análise desemboca num amor sem limites. O texto diz exatamente o oposto.

O desafio dessas duas últimas páginas do seminário é situar aquilo que é próprio do intuito analítico em relação a outras éticas. Elas colocam em série o extermínio nazista,

[3]LACAN, J. (1974). Nota italiana. In: *Outros escritos*, op. cit., p. 315.

Espinoza e Kant, antes de chegar à diferença com relação à análise. Qual é o fio condutor da série desses três? Trata-se da relação com o Outro, presente nos três, mas de forma diferente, e é com relação a essas três relações com o Outro que Lacan enuncia a especificidade analítica que visa, inversamente, o efeito separação com relação ao lugar do Outro, ou seja, "a diferença absoluta"[4]. E é aí que, diz Lacan, onde está a diferença absoluta, que surge "a significação de um amor sem limite, porque fora dos limites da lei, somente onde ele pode viver"[5]. Basta ler; não é o amor sem limites, sempre letal, que surge, mas o sua significação. Qual significação? Os exemplos do nazismo e de Kant indicam isso: é a significação do sacrifício feito ao Outro. Seja ao deus obscuro ao qual, na ausência de saber aquilo que ele quer, se oferecem vítimas sacrificiais, ao acaso, para abrandá-lo, ou à voz grossa da consciência moral de Kant que ordena sacrificar todos os objetos da ternura humana. Espinoza, por sua vez, é convocado como exceção entre esses dois. Sua concepção herética de um deus que não é um deus de fala, que não tem nada obscuro, identificado que está com a universalidade de seus atributos significantes, permitindo uma relação com o Outro que, no auge do *amor intellectualis*, não implica nenhum sacrifício.

A diferença absoluta inscreve a singularidade única, desapegada do Outro, e só pode requerer um amor limitado, o único que é "habitável e temperado", pois ele se isenta dos abusos sacrificiais. O amor por um objeto finito, até mesmo nomeável. E, de fato, já vimos alguma análise que

---

[4]LACAN, J. (1964-65). *O seminário, livro 11: Os quatro conceitos fundamentais da psicanálise*, op. cit., p. 260.
[5]*Ibid.*

seja um empuxo a um amor sacrificial, ao passo que todo o seu intuito é de desassujeitar e de separação? Daí também a necessidade de pensar o reagrupamento dos analistas de uma forma que não contradiga os fins da análise, restaurando aí a regência de um Outro, com maiúscula. Esse era o intuito de uma escola para Lacan.

20

Os "disparatados" e o laço social

Tomo emprestado esse título de Lacan, que diz que, ao falar dos analisados suscetíveis a testemunhar no passe, não há todos, somente "esparsos disparatados" [épars désassortis][1]. Um amontoado, portanto, um simples aglomerado? É a função habitual do discurso criar um sortimento [*assortiment*], por meio dos ideais, valores — digamos: os significantes mestres. Esses seres de linguagem têm a função de homogeneizar, ou pelo menos conceder, os pontos de vista, os preconceitos, os objetivos, a posição dos hábitos com os gozos correlativos. Os disparatados, por outro lado, são tantos indivíduos que não combinam [*ne vont pas ensemble*], como diz o dicionário, sempre desparelhados, os quais se agrupam apenas sob o signo da desarmonia. Isso equivale a dizer que a análise redobraria o "todos proletários" do mundo capitalista, no qual cada um não têm nada para fazer laço social, por meio da produção... de a-sociais? Suspeita, portanto: a análise remeteria ao individualismo cínico que gera

---

[1]LACAN, J. (1976). Prefácio à edição inglesa do *Seminário 11*. In: *Outros escritos*, op. cit., p. 569.

o capitalismo. Poder-se-ia até mesmo invocar, em apoio à tese, a fragmentação das associações analíticas, assim como os conflitos que as animam, que não são, aliás, peculiares aos lacanianos, pois a IPA, a Associação Internacional que se autodenomina freudiana, abriga muitos grupos bastante diferentes e nem sempre pacíficos. Muitos ficam surpresos com isso, pois imaginam que o analista deveria ser um sábio. Mas não é esse o caso.

É o contrário. O sábio encarna uma figura do universal apenas porque ele consegue anular sua própria particularidade, ou seja, elevá-la à norma, ao passo que o analista, pelo contrário, é aquele que a circunscreveu, que mensurou sua diferença, que se identifica com ela e que, na prática, tem o desejo bastante singular de levar o próprio analisando à sua "diferença absoluta".

É verdade que, em sua função de analista, ele deve poder pôr em suspenso a particularidade de sua fantasia, de seus sintomas e de todos os julgamentos íntimos que estes determinam. Essa suspensão é a condição daquilo que Freud chamou de "neutralidade benevolente" que, idealmente, permite que ele receba cada analisando sem *a priori*, sem preconceitos e sem julgamentos de valor. Sem ela, não há análise possível. Ainda assim, digo "idealmente", pois os ditos freudianos são às vezes muito pouco freudianos nesse ponto, seu apelo às diversas normas da conjugalidade, da heterossexualidade, da maternidade etc. sendo frequentemente muito patente. Quaisquer que sejam os deveres impostos ao analista no exercício de sua função, a questão colocada é outra: ela diz respeito à postura do analista nos laços sociais, com o problema de saber se aquilo que sua análise lhe ensinou modifica sua relação com seus semelhantes — dito em outros termos: se a ética que

OS AFETOS LACANIANOS

se inaugura a partir do ato analítico repercute no discurso analítico e como.

Lacan conseguiu evocar o "saldo cínico"[2] de uma análise em seu relatório de "O ato analítico". Mas ele não designa por isso a posição do sujeito no fim de análise, somente o vislumbre tomado sobre o *status* do gozo próprio pelo *falasser*, o qual se situa apenas a partir do objeto *a* e do sintoma, e esse vislumbre não decide o uso que dele o sujeito fará.

Além disso, os dramas que abalam as associações de "esparsos disparatados", que são bastante reais, respondem a uma aporia específica do grupo analítico. Pois há uma aporia própria ao grupo analítico. É impossível que os analistas, como analistas, façam grupo. O laço social que é o discurso analítico os une ao analisante, mas, saindo dele, o que resta do analista? Não é o mesmo que ocorre com o analisando, que está sozinho em sua experiência, certamente, mas como todo mundo, não mais, e que pode se derramar em confidências feitas e recebidas junto a outros analisandos que se tornaram amigos. A solidão do ato analítico, por sua vez, não é qualquer uma, ela é radical. Por um lado, ela impele os analistas a se reagruparem, mas eles são "sábios de um saber que não podem cultivar"[3], aquele que condiciona o ato, do qual não há relato possível. Portanto, não há nada que dê testemunho do analista no grupo, e tudo aquilo que se acredita procede de "trejeitos sociais"[4] e das identificações que o acompanham. Resta, na ausência de qualquer

---

[2]LACAN, J (1969). O ato psicanalítico. In: *Outros escritos*, op. cit., p. 376.

[3]LACAN, J. (1967). Da psicanálise em suas relações com a realidade. In: *Outros escritos*, op. cit., p. 358.

[4]LACAN, J. (1967). Discurso na Escola Freudiana de Paris. In: *Outros escritos*, op. cit., p. 280.

OS "DISPARATADOS" E O LAÇO SOCIAL

significante que identifique o analista, a mera impudência do nome próprio como captura-transferência, ou melhor, as impudências em competição do "eu me acho" [*je me pose là*]. Que elas se redobrem às vezes na base universitária ou no *status* de autor não ajuda em nada. É contra essa lógica infernal que Lacan concebeu a ideia de uma Escola, nem uma associação indistinta, nem um mero amontoado [*tas*], que não seria um contragrupo, mas cujos dispositivos originais, ao privilegiar a transferência à psicanálise, poderiam compensar a obscenidade que evocava.

Seja qual for o caso, porém, com as excentricidades das associações analíticas, elas não permitem prejulgar a posição dos analisados em relação aos laços sociais comuns, de amor, de amizade, de família etc. Não há como, nesse ponto, formular regras de conduta, e nem mesmo regularidades, pois de onde viria a norma ou estatística? Lacan evocou o estilo de vida do analista, mas certamente não para seguir nessa direção.

Quais podem ser as consequências de ter percebido, em uma análise, tanto sua singularidade única quanto o irredutível do inconsciente, uma mistura entre um saber assegurado e um não saber, não menos assegurado? As vias abertas são diversas. Disso que ele aprendeu, "ele saberá criar uma conduta para si. Há mais de uma, há até um monte [*tas*]"[5], diz Lacan. É isso que devia evitar o "pensar correto" em matéria de normas pós-analíticas, normas essas que os grupos secretam com tanta facilidade e que, além disso, variam ao longo do tempo. Tivemos o analista que viu de tudo e também indiferente a tudo, o analista soldado, militante da psicanálise, o analista "aberto" e tolerante, portanto,

[5]LACAN, J. (1972). O aturdito. In: *Outros escritos*, op. cit., p. 489.

indiferente em matéria de doutrina, o analista "não todo", inclinado agora ao amor etc. Como não rir disso?

Mas o que realmente está em questão nessas diversas elucubrações? Nada menos do que a postura do analisado em relação ao gozo. Livre dos poucos entraves sintomáticos que o haviam levado à análise, tendo mensurado aquilo que não cessa de se escrever além dos efeitos terapêuticos, repetição e sintoma, e daquilo que não deixa de se não se escrever, a relação sexual, que uso fará ele da pouca liberdade que lhe fora dada? Tomará ele a via cínica e, na ausência de relação sexual, chafurdar em seu sintoma fundamental? Digamos, teme-se ao analista gozador [*jouisseur*], que ousaria tudo, não conheceria respeitos e de quem seria preciso proteger os analisantes potenciais. O tema está em toda parte, no público, nos debates entre associações analíticas, e amplamente polarizado pelas duas figuras excepcionais que são Freud e Lacan. Mais do que um temor, é de fato uma crença. Não perguntemos se ela é projetiva, não seria educado; lembremos, em vez disso, que o homem que pode ousar tudo é uma fantasia, e que aquele que deseja avançar no campo do gozo ilimitado encontra barreiras que se devem à estrutura, quer ele saiba ou não. Era isso que demonstrava *A ética da psicanálise*: não transgressão se sustente. O caso de Reich é especialmente interessante sobre esse assunto, ele que acreditou que a psicanálise abriu o campo livre à dimensão do gozo infinito, que foi sancionado pela instituição, mas que o fez pagar também mais intimamente o preço do delírio. Então, o sujeito avisado por sua análise do fato de que essas barreiras são intransponíveis, pode querer ultrapassá-las? Isso seria paradoxal.

No entanto, há vários usos possíveis do saber adquirido sobre o gozo limitado que se situa a partir do objeto *a*. Como

OS "DISPARATADOS" E O LAÇO SOCIAL

regra geral, é ele que "serve de esteio às realizações mais eficazes, bem como às realidades mais cativantes"[6] — em outras palavras, às obras do trabalho e aos encontros do amor. Livre de impedimentos sintomáticos, suas capacidades de trabalhar e de amar restauradas, como dizia Freud, o sujeito analisado poderá colocar de maneira mais eficaz o "saldo cínico" a serviço daquilo que Lacan designou como árvore genealógica[7] — digamos: do nome próprio — ou do escabelo da promoção pessoal, como ele se expressa em sua segunda conferência sobre Joyce. De fato, constata-se que a análise, longe de criar a-sociais, abre para o analisado um novo campo de eficácia possível para a realização, digamos, de suas ambições, e que, além disso, ela administra até mesmo, com o consentimento à diferença radical dos seres, novos recursos com os laços de amor e de amizade, libertando-os em parte da obsessão do Um ideal e da aspiração à similitude.

No fundo dessas possibilidades abertas a todos os analisandos, quais podem ser as escolhas específicas dignas do desejo do analista? Vai ele dedicar sua vida às análises que dirige? Sim, sem dúvida, é o mínimo, mas é tudo? Algo depende, quanto à psicanálise, do que chamamos, como podemos: transmissão, ensino... Aí, o que é decisivo, é o dizer da análise fora unicamente do laço social constituído por uma análise. A psicanálise, como qualquer outro discurso, é apensa a um dizer, o do criador de discursividade. Em pelo estruturalismo, Michel Foucault havia compreendido isso, se acreditarmos em sua conferência de 1969 "O que é um autor?". É por isso que Lacan, ao construir os quatro discursos que distinguiu, atribui a cada um deles um nome

[6]LACAN, J. (1974). Nota italiana. In: *Outros escritos*, op. cit., p. 314.
[7]*Ibid.*

próprio — Licurgo, para o discurso do mestre; Carlos Magno, para o da Universidade; Sócrates, para o da histeria, e Freud, para o da psicanálise. É preciso um dizer para que as mudanças de discurso ocorram, fazendo vir no lugar do agente o significante mestre, ou o saber, ou o sujeito barrado, ou o objeto *a*. Daí o novo amor que responde a cada novo dizer, fazendo nova promessa.

A questão do estilo de vida dos analistas não se dá em seu cotidiano comum, que não difere em nada dos outros, isso é óbvio demais, basta olhar para eles. E até mesmo o caráter febril de suas agendas não prova nada, pois a questão se dá no nível do dizer que faz ou existir o discurso analítico.

Ora, o dizer, por ser contingente, não é, todavia, livre. É assim que entendo que Lacan em "O atudito", ao evocar a conduta a ser criada no final da análise, a situa a partir dos dizeres possíveis com relação às três barreiras que ele enunciou para o gozo — o impossível, o belo e a verdade. Essa não é, aliás, sua última palavra. A "Nota italiana" insiste, por sua vez, no saber a ser construído para que a análise continue a "dar dividendos no mercado"[8]. A tese é um pouco diferente, mas trata-se, como na anterior, de uma conduta de dizer e daquilo que ela será capaz de fazer valer da experiência analítica no discurso de seu tempo. É compreensível que a manutenção do dizer da análise não deixe espaço para a abstenção, que muitas vezes é coberta por justificativa clínica — embora um dizer possa ser silencioso —, mas que ele não conclama não mais a nenhum militantismo institucional cujos efeitos no nível do saber são sempre de formatação e que, enfim, ele é incompatível com o psitacismo das repetições.

[8] *Ibid.*

CONCLUSÃO

RESUMO, PRIMEIRAMENTE A TRAJETÓRIA. Lacan inaugurou a clínica dos afetos a partir da operatividade da linguagem do inconsciente que, afetando o gozo de uma perda, condiciona, como efeito, a insaciável exigência do amor — digamos: a inextinguível *re-petitio*. Por uma inversão de perspectiva, fundada de fato na consideração do sintoma em que o saber se goza sem perda, ela desemboca no final na tese do afeto, tornado um signo, e signo que revela o saber insabido de *lalíngua*. Deve-se dizer que esse sintoma é real, posto que ele é fora de sentido, o real não tendo outra definição senão de "excluir o sentido". Em um caso como no outro, quer se trate do saber do inconsciente que causa falta de gozar, ou do gozo do saber do inconsciente-*lanlíngua*, o *falasser* é afetado e toda a questão é saber como a análise intervém aí. Pelo que posso esperar do primeiro, uma fórmula diz isso de forma condensada: "assunção da castração", dizia Lacan desde o início, mas a fórmula poderia ser de Freud. E novamente em 1977: "Em suma, de verdadeiro, não há nada além de castração"[1]. É isso que implica o saber da estrutura e da grande *anankê*, como dizia Freud, à qual ela preside. Pelo que posso esperar do segundo, no nível do sintoma que faz suplência à relação sexual, a questão está aberta. Quer esse saber seja em grande parte insabido, o de *lalíngua*, não totalmente decifrável,

[1] LACAN, J. (1976-77). *Le séminaire "L'insu que sait de l'une-bévue s'aile à mourre"*. Paris: ALI, 1998, p. 108.

que fixa suas configurações, não pode deixar de ter consequências para a prática da psicanálise.

21
Limite do saber

Lacan afirmou novamente, aliás, de forma clara em 1977: "Em suma, o S_1 é apenas o começo do saber; mas um saber que se contenta em sempre começar, como se diz, isso não chega em nada"[1]. O "S_1 parece prometer um S_2"[2], mas apenas promete. O meio-dizer da verdade é programado pela estrutura da linguagem. A bem dizer, a ideia de que toda elaboração de saber implica a recorrência de uma falta é antiga em Lacan, mas encontra seu antecedente freudiano na noção de recalque original que se inscreve no nó borromeano como furo do simbólico. Esse furo que somos tentados a preencher com nomes e figuras de Deus, o "recalque original em pessoa[3]", é inseparável do caráter religioso da fala e da suspeita, até mesmo do temor, de que a psicanálise possa se tornar a "religião do desejo". A novidade não está, portanto, no fato de que o saber inconsciente ultrapasse o sujeito. Ela está na nova definição do saber que evoquei, elemento extraído de *lalíngua*, *realizado* [*réelisé*], se assim

---

[1] *Ibid.*, p. 104.
[2] *Ibid.*, p. 106.
[3] SOLER , C. (2010). L'exit de Dieu, ou pire. In: *Revue de l'EPF-CL-France*, n. 8. Paris: Champ lacanien, 2010.

OS AFETOS LACANIANOS

posso dizer, pelo gozo fora de sentido que a ele se vincula. A questão crucial, então, se torna: como a psicanálise pode acertar na mosca nesse nível em que, se eu perguntar: "Que posso saber?", é preciso responder: nada de certo, os efeitos de *lalíngua* a-estrutural, real, me ultrapassam e o inconsciente decifrado nunca é senão hipotético.

Lembro aqui o quanto Lacan insistiu no caráter "indeciso" dos Uns encarnados de *lalíngua*. São esses Uns que fixam o núcleo de gozo próprio de cada um, mas o decifrador não pode decidir se é "o fonema, a palavra, a frase, mesmo todo o pensamento"[4]. Dei-me conta de que essa série esboça três tipos de sintomas diferentes. Pois se é todo o pensamento, todo o discurso, que serve de Um de gozo, esse Um incluirá, além do elemento formal e o gozo, o imaginário do corpo, com as representações imbecis que *lalíngua* introduz aí. Será, portanto, o Um de um nó — em outras palavras, um sintoma borromeano. Se é uma frase tal como "Bate-se em uma criança" que faz o Um, sua *fixão* (sempre com um x) presidirá bem um corpo a corpo, mas muito pouco genital. Por fim, se é o fonema que é gozado, isso deixa o imaginário do corpo e o corpo do outro fora de jogo. Autismo. Encontro ali, portanto, de uma maneira completamente diferente, aquilo que havia desenvolvido sobre a distinção entre sintomas de gozo autistas e os sintomas borromeanos, mais socializantes.

Esse saber de *lalíngua*, por ser insabido, não deixa de ser, no entanto, assegurado... por suas manifestações. Ele se mostra, se assim posso dizer, por meio da fixidez do núcleo sintomático fundamental. Essa constância se impõe: mesmo

[4]LACAN, J. (1972-73). *O seminário, livro 20: Mais, ainda*, op. cit., p. 196.

LIMITE DO SABER

se eu não puder decifrá-la, compreendê-la, ela é vivenciada, se manifesta, em todas as minhas relações com o parceiro. Trata-se de uma permanência de gozo opaco, idêntica a si mesmo — é por isso que Lacan evoca sua letra. Ela não deve ser confundida com a necessidade irredutível da repetição, a qual repete, mas nunca o mesmo. É possível seguir seu rastro, do lado dos afetos enigmáticos do sujeito. A definição do saber do psicanalista encontra-se aí, é claro, modificada, pois o que é preciso saber é que há em *lalíngua* um saber que opera para o gozo que não é feito para ser sabido e que desafia as apreensões. A questão da operação analítica encontra-se ela própria renovada, especificamente a de seu fim e, sobretudo, do tipo de interpretação que a leva a isso. Não é de admirar que Lacan tenha substituído o modelo linguístico e o binário da decifração e do sentido que deixava o referente em pane pelo esquematismo borromeano que esse referente inclui em conformidade com o real. Mas será necessário dizer que esse real está fora do alcance da prática de fala e de linguagem?

22

A interpretação poética

Tendo rejeitado recorrer aos matemas, Lacan por fim se voltou para o modelo da poesia, não menos enigmático do que o saber gozado, mas do mesmo nível. Todo o inconsciente, quer o abordemos por sua verdade ou por seu real, é constituído pelo efeito de linguagem, o poema igualmente. Daí a tese de um inconsciente poema e de uma interpretação poética que permite tocar os afetos que ele produz.

Sou poema e não poeta, dizia Lacan no "Prefácio à edição inglesa do *Seminário 11*". Ele falava de si mesmo, mas isso se aplica a cada um. Esse poema que sou, que não escrevi, mas que se escreve por meu dizer, me constitui, e posso, graças a uma análise, assiná-lo. Essa seria uma definição possível do passe. Exceto pelo fato de que tenho que apor essa assinatura, embora o texto de que disponho esteja incompleto, uma vez que os efeitos de *lalíngua* me ultrapassam. Assino um poema do qual tenho apenas os fragmentos que decifrei. Assinar o poema ou identificar-se com o sintoma são duas expressões equivalentes que dizem a posição de um sujeito que passou a se reconhecer, isto é, a se identificar em sua configuração de gozo opaco, mas, igualmente importante, também em sua parte de ignorância irredutível, em seu "eu não sei" de saída. Nesse sentido, podemos dizer: ateísmo do sujeito, na medida em que ele assina o poema que é e que não sabe tudo.

Mas por que poema? Porque o poema é em si um nó do real e do sentido. Ao jogar com os equívocos de *lalíngua*, suas palavras fazem o corpo do gozo ressoar tanto quanto *lalíngua* original, mas seu dizer — dizer o menos besta, diz Lacan — acrescenta aí o sentido, e até mesmo sentido renovado que rompe com o chamado senso comum. O dizer do poema, portanto, assim como o dizer do analisante, enoda, mantém juntos os efeitos de sentido da linguagem e efeitos de gozo fora de sentido de *lalíngua*. Ele é homólogo àquilo que Lacan chama de *sinthoma*. É possível dizer que esse *sinthoma* poema, aliás, é ele próprio real, pois o dizer constituinte em cada caso do nó do sentido e do real é ele próprio fora de sentido, existencial. Aí, "o real de que se trata é inteiramente o nó"[1]. Vemos a ambiguidade da expressão "inconsciente real", ICSR, que pode designar ao mesmo tempo os efeitos do dizer-*sinthoma* borromeano e o simbólico que existe como sintoma no real, autista.

Esse último se manifesta naquilo que chamei de epifanias, retomando um termo de Joyce. No aplainamento do nó borromeano, ele se escreve no lugar do simbólico *realizado* [*réelisé*] no campo do ser vivo, entre simbólico e real. Chamei-o de autista porque ele não tem outro parceiro que não seja o seu gozo. Os sintomas aí se alojam são de *lalíngua* encarnada, gozada e gozante, que não demanda nada a ninguém. Esse ICSR distinto do inconsciente-verdade não convoca o furo do recalque original, embora ele próprio

[1] LACAN, J. (1976-77). *Le séminaire "L'insu que sait de l'une-bévue s'aile à mourre"*, op. cit., p. 92.

seja furado, e ele é, portanto, o único a ser sem deus. Não se poderia dizer que ele é poema, mas, antes, que ele ex-siste no sentido do poema. Faço notar, aliás, um ponto importante. Lacan, tateando, o havia inicialmente escrito como um transbordamento do real no furo do simbólico. Ele se corrigiu. Acredito que ele tenha feito isso porque o sintoma escrito no furo do simbólico seria um nome de Deus, mesmo que o fim de uma análise seja o fim da religião do sintoma, aquela que nos fazia acreditar que ele poderia dizer algo, dar sentido. Ela é produção do incrédulo, como disse.

Ao dizer que ele se manifesta, deixo em suspenso a questão de saber se a análise toca nisso. Que ela toque no *sinthoma*, no poema, não está em dúvida, pois seu dizer opera remanejamentos no nível dos efeitos de sentido — o que chamamos de terapêutico no sentido comum, assim como na articulação do sentido e do real. Lacan chegou ao ponto de buscar o real de um efeito de sentido. O que acontece quando se trata do sintoma, com o seu "gozo opaco, por excluir o sentido"? A análise faz mais do que fazer perceber sua dimensão inamovível como um núcleo resistente a qualquer efeito de sentido — e ainda, sem esquecer que perceber não é saber?

A única arma de que o analista dispõe a esse respeito é *lalíngua*. Trata-se de um recurso diferente da linguística, com metáfora e metonímia, as quais não conseguem fazer nada além do que unir "estreitamente o som e o sentido"[2] para o *joui-sens* [*gozado-sentido*]. Tratar-se-ia, antes, de desunir som e sentido para "fazer soar outra coisa, algo diferente do sentido"[3]. Chamo aqui outra testemunha, o poeta

[2]*Ibid.*, p. 119.
[3]*Ibid.*

A INTERPRETAÇÃO POÉTICA

Yves Bonnefoy que, ao evocar a experiência da infância, diz: "Como preservar essa experiência primeira; isso pode ser — até mesmo é, na minha opinião — a principal forma, por meio da percepção nos vocábulos de seu som, de seu som como tal, que está além, em cada um, dos significados por meio dos quais seu pensamento conceitualizado vela neles a presença possível daquilo que eles nomeiam"[4]. É a essa articulação que Lacan, por sua vez, recorre, não à poesia em geral, que, antes, faz dormir se acreditarmos nisso, mas à poesia chinesa em sua especificidade. Segundo François Cheng, dando testemunho, em *L'Âne* n. 48 de seus anos de estudo dos textos chineses com Lacan, esse último, ao ler com ele o capítulo I do *Livre de la voie et de as vertu* [*Livro do caminho e da virtude*], havia proposto traduzir o termo chinês *Dao* pelo "jogo fônico: o caminho [*voie*] é a voz [*voix*]"[5]. Lacan volta a isso com insistência no seminário "*L'insu que sait de l'une-bévue s'aile à mourre*"[6], por meio de uma referência a *L'écriture poétique chinoise* [A escrita poética chinesa], do mesmo François Cheng. Notemos, aliás, que a disortografia calculada desse título, com sua escrita que perturba o significante é bem-feita para tornar sensível a dissociação do que se entende sonoramente e do sentido.

A sutileza é que Lacan recorre à poesia chinesa apenas porque ela difere da nossa. "A escrita não é aquilo por meio de que a poesia, a ressonância do corpo, expressa", diz ele.

---

[4]Entrevista citada pelo *Le Monde des livres* na sexta-feira, 12 de novembro de 2010.

[5]Ver o site www.lacanchine.com. Os vocábulos *voie* [via, caminho] e *voix* [voz] são homófonos em francês, por isso a observação de Lacan lembrada pela autora (NT).

[6]LACAN, J. (1976-77). *Le séminaire "L'insu que sait de l'une-bévue s'aile à mourre"*, op. cit., p. 116.

OS AFETOS LACANIANOS

Essa definição da poesia como "ressonância do corpo" a coloca no mesmo nível em que se situa o sintoma real, mas não é por meio da escrita que isso ressoa. Lacan deu grande importância à escrita chinesa, mas a convoca apenas nesse seminário porque aprendeu com François Cheng que esses poetas chineses, diferentemente dos nossos, fazem mais do que escrever, eles cantam, modulam, há "uma modulação que faz com que isso seja cantado". Pouco importa, no fundo, aquilo que diz respeito à China aqui, e a função específica que a modulação pode assumir na poesia chinesa, uma vez que ela não poderia ser transposta para a nossa língua. O que conta é o apoio que Lacan acredita ter encontrado aí para sua tese, a de uma voz fônica necessária para fazer ressoar os equívocos de *lalíngua*, equívocos latentes no sintoma, mas de que não sabemos. Já antes, ele se questionava se eram os significantes da interpretação ou sua fonação que operavam. Como se, portanto, apenas a modulação — que deve ser distinguida da tonalidade que, em chinês, contribui para a identificação de elementos significantes — pudesse atingir as marcas das primeiras modulações de *lalíngua* que fizeram o corpo ressoar na origem, no encontro das palavras com o corpo. Esse encontro originário do *falasser* com o *incrível*, faz dele, filho de *lalíngua*, muito mais do que qualquer parentesco. Com a reserva, no entanto, de que, por meio da *lalíngua* que ele recebeu e que se tornou sua, cada um está, de fato, inserido na comunidade de experiência da qual essa *lalíngua* é feita, por depósito dos traços verbais oriundos dessas experiências. A esperança seria, portanto, "*ferrer*" [*ferrar*] *lalíngua* encarnada do analisando. *Ferrer* equivocando com "*faire réel*"[7] [fazer real], ao passo que toda

[7] *Ibid.*, p. 114.

A INTERPRETAÇÃO POÉTICA

a análise tenta "fazer verdade". Fazer real equivaleria a reter não o efeito de sentido da poesia, mas seu "efeito de furo"[8], de furo no sentido, mas, sobretudo, seu efeito de real. Isso é mais que uma esperança? O próprio Lacan não se gabou disso, lamentando, pelo contrário, não ser capaz de *"pouâteassez"* [*poetato o suficiente*][9], mas indicando, no entanto, o caminho [*la voie*].

Ainda assim, a estrutura inscreve uma alternativa possível para o sujeito que chegou ao fim do percurso: ou escolher assinalar o real silencioso, antinômico "a qualquer verossimilhança"[10], que nada deve à verdade subjetiva, mas a tampona; ou, por crença renovada, optar pela sedução do furo e das palavras que poderiam colonizá-lo. As consequências sobre o ato analítico não poderiam faltar. A diferença disso para com a ciência é aí perceptível. O erudito pode ser crente se isso lhe convier, pois isso não muda nada em sua prática de erudito, no saber da ciência, e sua própria angústia nada impede. Vimos isso com a bomba atômica, com avanços da biologia e a impotência de seus comitês de ética. Na psicanálise, é diferente. A alternativa que acabo de evocar quanto à posição final do analisando, alternativa entre religião do furo e ateísmo do real, inevitavelmente repercutirá em sua prática na medida em que ele conceda se tornar analista. Mais precisamente, repercutirá em seu modo de interpretação. E, conforme ela atingir ou não o real fora de sentido e não apenas o sentido do desejo, ele perpetuará ou não a psicanálise em sua dimensão religiosa. E "por

[8]*Ibid.*, p. 130.
[9]Neologismo criado por Lacan que articula as palavras poeta [*poète*], ato [*acte*] e o advérbio *assez* [suficientemente] (NT).
[10]LACAN, J. (1976). Prefácio à edição inglesa do *Seminário 11*. In: *Outros escritos*, op. cit., p. 569.

que não?". É que essa dimensão religiosa da psicanálise não pode competir com relação às religiões estabelecidas, mais coletivizantes e que requerem menos esforços dos sujeitos. A única chance de competir com relação à psicanálise é comparar o real da civilização da ciência com seu próprio real, aquele que confere a cada *falasser* sua especificidade. A tarefa não é, portanto, para amanhã e aqueles que sobreviverem, mas para hoje.

Este livro foi impresso em julho de 2024
pela Gráfica Paym para Aller Editora.
A fonte usada no miolo é Petersburg corpo 10,5.
O papel do miolo é Pólen Soft LD 80 g/m².

Este livro foi composto na tipografia Adobe
Caslon Pro, em corpo 11/15, e impresso em
papel off-white no Sistema Cameron da
Divisão Gráfica da Distribuidora Record.